Laroche Sandrine

Le blog de sagessequantique

Laroche Sandrine

Le blog de sagessequantique
Chrysalide - la métamorphose

Bloggingbooks

Impressum / Mentions légales

Bibliografische Information der Deutschen Nationalbibliothek: Die Deutsche Nationalbibliothek verzeichnet diese Publikation in der Deutschen Nationalbibliografie; detaillierte bibliografische Daten sind im Internet über http://dnb.d-nb.de abrufbar.

Alle in diesem Buch genannten Marken und Produktnamen unterliegen warenzeichen-, marken- oder patentrechtlichem Schutz bzw. sind Warenzeichen oder eingetragene Warenzeichen der jeweiligen Inhaber. Die Wiedergabe von Marken, Produktnamen, Gebrauchsnamen, Handelsnamen, Warenbezeichnungen u.s.w. in diesem Werk berechtigt auch ohne besondere Kennzeichnung nicht zu der Annahme, dass solche Namen im Sinne der Warenzeichen- und Markenschutzgesetzgebung als frei zu betrachten wären und daher von jedermann benutzt werden dürften.

Information bibliographique publiée par la Deutsche Nationalbibliothek: La Deutsche Nationalbibliothek inscrit cette publication à la Deutsche Nationalbibliografie; des données bibliographiques détaillées sont disponibles sur internet à l'adresse http://dnb.d-nb.de.

Toutes marques et noms de produits mentionnés dans ce livre demeurent sous la protection des marques, des marques déposées et des brevets, et sont des marques ou des marques déposées de leurs détenteurs respectifs. L'utilisation des marques, noms de produits, noms communs, noms commerciaux, descriptions de produits, etc, même sans qu'ils soient mentionnés de façon particulière dans ce livre ne signifie en aucune façon que ces noms peuvent être utilisés sans restriction à l'égard de la législation pour la protection des marques et des marques déposées et pourraient donc être utilisés par quiconque.

Coverbild / Photo de couverture: www.ingimage.com

Verlag / Editeur:
Bloggingbooks
ist ein Imprint der / est une marque déposée de
OmniScriptum GmbH & Co. KG
Heinrich-Böcking-Str. 6-8, 66121 Saarbrücken, Deutschland / Germany
Email: info@bloggingbooks.de

Herstellung: siehe letzte Seite /
Impression: voir la dernière page
ISBN: 978-3-8417-7263-3

Copyright / Droit d'auteur © 2014 OmniScriptum GmbH & Co. KG
Alle Rechte vorbehalten. / Tous droits réservés. Saarbrücken 2014

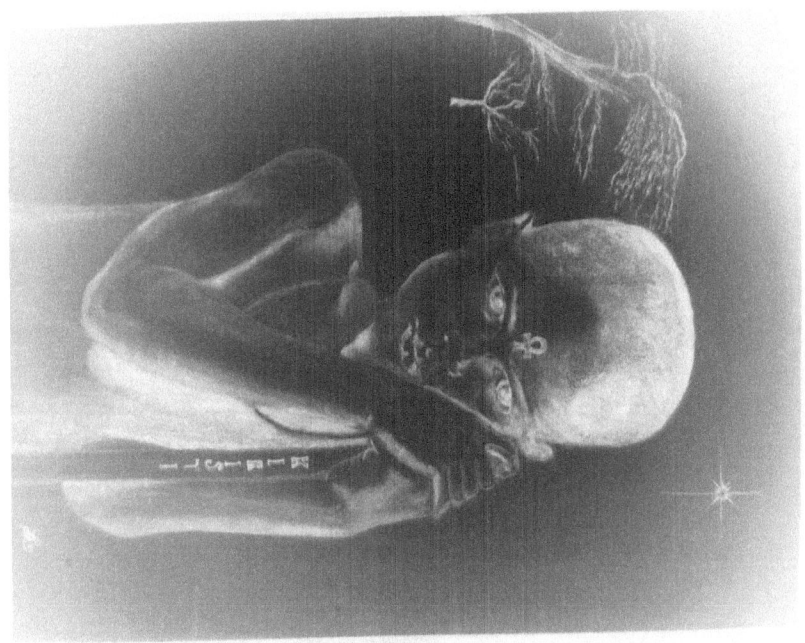

Dessin «la voie», auteur Sandrine Laroche

Carnet de bord de Sagesse quantique

Le blog de sagessequantique

Avant-propos

Professeur de sciences et avant tout artiste dans l'âme, l'auteur Sandrine Laroche est émerveillée par la beauté et les miracles de la nature. L'origine de la vie la passionne. Son esprit scientifique la pousse toujours plus loin dans la recherche de cette « connaissance ». S'étant familiarisée avec l'hermétisme, les religions, la mythologie et la physique quantique, le résultat fut pour elle comparable à un électrochoc qui aboutit à la naissance de deux premiers essais, *voyage initiatique au cœur de nos origines* et *le trésor des immortels*. Transmettre est son objectif, *Initiée*, son premier roman est un nouvel outil de partage. Mais souhaitant toujours davantage offrir ses découvertes, à un maximum de personnes, elle mit en ligne le blog sagessequantique.

http://sagessequantique.over-blog.com/

Introduction

<u>Le réveil</u>

Nous sommes probablement dans une période de transition, l'humanité doit pouvoir sortir du brouillard qui l'englue...
Tout le monde peut avoir accès au réveil, mais ce sera votre choix, donc cela dépend entièrement de vous... Il faut pouvoir accepter de s'ouvrir à d'autres réalités...
Car il est dit que: " celui qui cherchera trouvera et quand il aura trouvé, il sera émerveillé"... Cette phrase s'inspire en partie d'une loggia du Christ dévoilé dans les évangiles gnostiques selon Thomas découverts à Nag Hamadi en 1945.

Je suis une autodidacte à la recherche de la connaissance des anciens.
Pour vous, comme pour moi, le travail d'évolution afin de progresser sur la voie de la connaissance ou de l'éveil, nécessite de notre part une phase d'assimilation et de méditation.
Dans les articles à venir, je vous proposerai mes remises en questions sur ce que nous sommes et sur notre monde.

Les sites proposés, pourrons peut-être vous faire progresser dans cette voie, tout comme ils m'ont ouvert les yeux sur cette autre réalité.
De plus, je vous présenterai mes essais qui sont écrits avec l'espoir d'un enseignant ayant pour objectif de transmettre le flambeau de la connaissance à ses semblables.
Pour que la lumière ne s'éteigne jamais...

Je termine sur une phrase extraite, des tablettes d'émeraude de Thot,
Afin de poursuivre mon propre travail ...
" Tu es un avec le cosmos, une flamme et un enfant de la lumière..."

Chapitre I

Les connaissances métaphysiques de l'humanité

2 août 2011

La kabbale et la science...
Il me semble très utile de s'initier aux connaissances de toutes les religions afin de les confronter à celles de la science...

C'est ce que j'ai fait avec l'ancien et le nouveau testament, puis avec la kabbale.
Il est troublant de chercher à comprendre derrière les signes, les symboles et les nombres de la kabbale... Une ouverture peut s'opérer en nous, si nous le désirons.
Surtout lorsque nous confrontons les connaissances actuelles de la physique quantique avec la kabbale ! Les notions de dimensions se rejoignent...

Si je peux à nouveau me permettre de vous conseiller, je vous dirais de lire "la magie du cosmos" de Brian Greene aux éditions Robert Laffont, un livre technique à se faire des nœuds dans le cerveau, mais c'est un très bon exercice. Et le livre " Les secrets de la kabbale" de Janet Bereson aux éditions Soline, très illustré.

Pour vous montrer que certains scientifiques pensent qu'il faut s'ouvrir aux connaissances kabbalistiques afin de progresser, voici une vidéo...
http://www.dailymotion.com/video/x6iq0a_parvenir-au-monde-superieur_news?start=3
Appréciez " la rencontre de la sagesse hermétique" avec "la fougue" de la science...
Les dimensions et la kabbale

Essayer de comprendre le principe des mutidimensions est difficile pour nous tous qui ne pouvons les observer...

Cependant, la Kabbale peut aider certaines personnes à s'initier à cette notion difficilement palpable.

Il doit être possible de parvenir à ressentir ces dimensions supérieures, grâce à un travail intérieur qui nécessite beaucoup de temps et de volonté altruiste. Cela me paraît impossible de ressentir ces mondes avec notre ego qui nous attache à ce monde matériel, c'est pourquoi avant de se lancer dans la méditation sur les notions de la kabbale, il faut développer son atout cœur, en s'ouvrant à la beauté de la Terre et de la vie...

Ne vous trompez pas, il ne s'agit pas d'admirer avec le regard d'un consommateur, mais avec celui d'un humain qui est confronté avec une œuvre d'art exceptionnelle... L'admiration et l'amour inconditionnel doivent pouvoir nous submerger ... Alors seulement nous pouvons entreprendre d'ouvrir notre âme, afin de gravir l'escalier de la connaissance...

23 juillet 2012

Les portes de l'initiation

Dessin par Sandrine Laroche

L'évolution est chose normale dans la nature, donc rien d'étonnant à ce que nous soyons actuellement dans une phase évolutive.

Mais est-ce une phase standard qui ne perturbera pas la vie de la planète, ou est-ce une période critique?
Des personnes alarmistes, à force de prévenir des risques d'une grande catastrophe, on finit par désintéresser le public.

Nous sommes très vites blasés par les informations qui nous parviennent.
Alors, serons-nous capables d'être à l'écoute de la bonne information?

Dans mon nouvel essai, "Le trésor des immortels", je mets le doigt sur ce que nous refusons de "voir" et comment parvenir à "ressentir" notre environnement.

Nous sommes tous capables de réussir ce que certains appellerons un "saut évolutif", en acquérant une sensibilité beaucoup plus fine de notre environnement, de façon à vivre en osmose avec lui.
Mais quel peut-être l'intérêt de parvenir à cette initiation?
Découvrir ce que nous sommes et pourquoi nous sommes là.

Il n'y a pas d'utopie, mais une mémoire affaiblie qui ne demande qu'à être réactivée.
Pour vous convaincre de l'existence réelle d'une évolution planétaire, comparez l'activité interne de la planète depuis une dizaine d'années, observez la recrudescence d'activité du Soleil, remarquez les changements climatiques...
N'écartez pas ces informations parce que des mouvements sectaires s'en servent pour manipuler des âmes fragiles.

Ne vous affolez pas, à l'inverse si vous avez fait les bons constats.
Il n'y a pas de fin dans la nature, même en sciences physiques on reconnaît que "rien ne se perd, rien ne se crée, tout se transforme".
Nous sommes à mon sens sur cette magnifique planète pour apprendre. En étant "l'élève de la vie", nous devons être modulable, donc évoluer avec les informations ou expériences que nous recevons.

Actuellement, toutes personnes hypersensibles aux ondes électromagnétiques ressentent fortement la transformation qui se produit sur notre planète.
De mon point de vue, qui n'est pas celui d'une être "contacté», ou "médiumnique", il nous faut remarquer les changements, les comprendre et évoluer avec eux.
Les stages et les gourous ne peuvent pas vous permettre d'évoluer. Jugez toujours par vous-même, faites-vous une idée de toutes choses en faisant des recherches.
Écoutez votre perception fine...

3 juin 2011

Les champs morphogénétiques...

Avez-vous entendu parler des champs morphogénétiques ? Époustouflant... Un principe simple qui explique beaucoup de phénomènes qui nous semblent surnaturels, tels que la clairvoyance, le voyage astral.

Pour faire simple, nous serions tous reliés par l'intermédiaire d'un réseau d'ondes "naturelles" que les auteurs, tels que Sheldrake ont appelé les "champs morphogénétiques". En fait, la conscience humaine planétaire, nous entourerait et permettrait une communication instantanée entre tous les membres d'une même espèce.

Les scientifiques ont découvert depuis fort longtemps que des évolutions favorisant la survie et touchant une population animale dans une région isolée, pouvaient se répandre à l'ensemble de l'espèce. Et cela sans qu'il y ait de contact avec l'espèce première touchée par l'évolution. Cela prouve qu'il existe un mode de communication pouvant agir sur le génome (ADN) !

Si nous interagissons ensemble sans le savoir, nous pouvons donc nous envoyer des ondes sous forme d'énergie afin de favoriser la bonne santé... Cela peut s'appliquer au magnétiseur qui cherche à aider un patient ou à toute personne souhaitant envoyer des ondes positives à son entourage, à tous les êtres vivants et à la planète. Il ne s'agit pas de naïveté, mais d'une réalité qu'il faut ressentir... Cela ne passe pas uniquement par le cerveau...

Ce principe universel de communication est vérifié sur les molécules d'eau, grâce aux travaux de Masaru Emoto (Le pouvoir guérisseur de l'eau Ed. Guy Trédaniel).

Notre pensée influence directement notre environnement... Dans les textes gnostiques de Nag Hamadi, il est dit que le verbe devance la matière !
Mais de la même façon ces textes nous avertissent du danger d'exploiter ce pouvoir en dirigeant des ondes négatives sur notre entourage !!! C'est l'effet boomerang qui peut-être amplifié de façon exponentiel...

Recherchez des informations sur la télékinésie, le pouvoir de l'eau et vous serez conquis...

Les énergies vibratoires...
Le pouvoir de l'eau ...
La vérité sur l'eau...

1 juin 2011
Paroles de sagesse...

Recherchez la connaissance dans les textes hermétiques de THOT...
Voici un extrait de la tablette I, que vous pourrez consulter dans sa totalité sur le site http://www.biotechnozen.com

« L'histoire de Thot, l'Atlante
Je suis THOTH, l'Atlante, maître des mystères, gardien de la Mémoire ancestrale, Roi, Sage et Mage....J'ai débuté cette série d'incarnations dans la grande métropole de KEOR, sur l'île de UNDAL, à une époque très lointaine où les mages de l'Atlantide vivaient et ... »

25 août 2012

Sagesse hindoue

Afin de travailler sur la voie de la sagesse, il m'a semblé nécessaire de découvrir la connaissance des sages de divers continents, c'est pourquoi je vous présente, quelques phrases de sages hindoues...
Ainsi progresser sur la voie du réveil, doit correspondre, comme nous l'annonce Prahlada (fidèle de Vishnou) :

"La grandeur d'un individu tient à sa qualité d'éliminer les 6 ennemis intérieurs qui menacent tout être humain, soit la cupidité, l'orgueil, la colère, la haine, la jalousie, la luxure et l'attachement" la voie de la sagesse, ne doit pas être prise pour une simple recherche de connaissances d'après Saï Baba :

"La tête est une chose et le cœur en est une autre ! Au lieu de vous remplir le crâne de notions livresques, il vaut mieux cultiver votre cœur d'amour!"
Il faut être capable de s'auto-nettoyer régulièrement afin de ne pas se focaliser sur notre "petite" personne et s'ouvrir aux autres êtres vivants, ainsi qu'à notre planète la Terre...

25 août 2012

Le mystère des pyramides...

Vous aurez sans doute été fascinés par l'étrangeté de pyramides, sans que cela ne vous inspire plus que de l'étonnement. Alors comment réagirez-vous lorsque vous découvrirez qu'elles existent sur l'ensemble de notre planète... Plus ou moins bien visibles sur les continents et cachées de nos regards indiscrets dans les océans.

23 juillet 2012 1 23 /07 /juillet /2012 09:41

<u>Agissons ensemble</u>

Et si nous avions la possibilité d'agir profondément sur notre planète? Et si chacun d'entre nous avait ce pouvoir, sans occuper un poste important dans la société? Et s'il suffisait d'essayer?

Vous connaissez l'adage suivant qu'avec des "si" on referait le monde? Et bien, à nous d'agir ! Comment?
Le japonais Mazaru Emoto a prouvé le pouvoir de notre pensée sur l'eau, et si ce pouvoir pouvait s'appliquer aux cinq éléments?
 Nous pourrions alors donner à la planète ce que nous lui avons pris, c'est à dire sa pureté.

Voulez-vous relevez le défis?
Rien de "sorcier", que vous soyez croyant ou athée vous avez la faculté de donner à la Terre pour sa survivre.
Regardez autour de vous, notre action sur la Terre lui est fortement préjudiciable. Elle devra survivre à nos méfaits et aux éléments naturels.
Ceux d'entre vous qui sont croyants, quel que soit votre religion, il vous suffit de prier.

Prier avec votre cœur, de tout votre cœur !
Priez pour la protection de notre magnifique planète, pour qu'elle reçoive l'amour divin qui guérit.

Formuler avec vos mots de façon à ce que leurs sens soient réels à vos yeux.
Soyez persuadé que votre prière est puissante car portée par l'amour.
Ressentez l'amour que vous enverrez à notre planète et à tous ses êtres vivants.

Pour ceux d'entre vous qui sont athées, vous pouvez visualiser cet amour.
Il vous parvient de notre Terre mère depuis vos pieds et remonte le long de votre corps.

Sentez cet amour vibrer en vous, puis concentrez-le dans vos mains.
Créer une boule d'énergie rose avec l'aide de votre imagination.
Et lorsque vous la sentez suffisamment grande, projetez-la vers l'espace, en visualisant l'image de la planète qui reçoit votre amour sous la forme d'une pluie d'amour de couleur rose. Chaque parcelle de la Terre l'absorbe.

Qu'en dites-vous?
Vous sentez-vous prêt à relever le défis ?
Quand agir?
Et bien choisissons une date déjà proposée par Mazaru Emoto
Tous les 25 de chaque mois, cet auteur propose d'envoyer des pensées positives à l'eau de notre planète.

Alors, acceptez-vous de créer une des premières communions universelles?
Aucun bien matériel, ni aucun dogme ne vous est demandé ou imposé.
Seulement quelques minutes de méditation pour agir.
Soyez prêts le 25 de chaque mois
Moi, je m'engage
Et vous?

7 octobre 2012

<u>*Chamanes "éveillez-vous"*</u>

Auteur Sandrine Laroche

Il est un sujet "à la mode", bon nombre d'humains doivent le considérer comme ahurissant, voir stupide.
Il s'agit de l'évolution spirituelle de notre espèce.

Faites-vous partie de ce groupe de personnes ?
Ou bien êtes-vous en harmonie avec ce phénomène ? L'évolution spirituelle qui travaille un grand nombre de personnes, fait partie de l'histoire de cette magnifique planète.

Rien ne peut contrarier cet événement magique. Nous ne maîtrisons pas les alignements planétaires et l'activité électromagnétique des astres. Le Soleil est dans une phase d'activité qui est surveillée de près par la NASA.

Nous sommes tous potentiellement capables de ressentir ce grand bouleversement, cependant ceux qui accepterons d'ouvrir les yeux serons à même d'en retirer tous les effets positifs.

Les chamans de l'ancien monde, appelés les anciens voyants, étaient capable de déplacer leur point d'ancrage, entendez par là, la capacité de percevoir toutes les subtilités volatiles de notre univers. Pour les magnétiseurs, c'est l'équivalent de la vision des auras et des énergies plus ou moins altruistes de l'Univers.

Aujourd'hui, nous avons tous l'opportunité de pouvoir le faire. Si vous avez besoin d'aide pour y parvenir, je vous conseille la lecture d'ouvrages traitant des énergies subtiles, tels que le magnétisme, et je me permettrai de vous proposer mon essai Le trésor des immortels, bientôt disponible (courant octobre 2012).

Les changements vibratoires agissent sur notre corps, donc sur notre matériel génétique, alors ne soyez pas surpris de découvrir que vous avez acquis des capacités nouvelles. Bien évidemment, il se produit également des changements qui vont vous perturber, psychologiquement. Soyez plus fort que la peur, elle n'est qu'une illusion que vous créez pour maintenir un semblant de logique dans ce monde en évolution.
Ne craignez pas de ressentir ou de voir des phénomènes qui jusque-là étaient réservés à quelques êtres médiumniques.

Vous aviez cette capacité en vous et l'avez sans doute enfouie profondément pour survivre dans ce monde formaté.
Osez ouvrir les yeux en tant que nouveau chaman, celui qui voit, et en tant que nagual, celui qui guide. Le monde a besoin de vous...

Chapitre II

L'activité solaire et l'évolution planétaire

19 septembre 2012
Sciences: Effets des éruptions solaires

La NASA reconnaît l'importance du phénomène actuel, tout en rassurant sur le fait que l'activité solaire est cyclique, donc rien de sensationnel en soi.

L'Univers est régi par de grands cycles qui ont des répercussions sur notre petite planète bleue. Actuellement, les conséquences des tempêtes solaires sont médiatisées, Cependant, avant de nous inquiéter pour notre technologie nous devrions comprendre que les conséquences vont bien au-delà du matériel.
Voici une vidéo intéressante...
http://www.dailymotion.com/playlist/xt82p_Professeur_Rolin_sciences/1#video=xkj9kd

Nous subissons de plein fouet les émissions de masses coronales, non sans conséquences.

Dans notre glande pinéale les cristaux d'apatites doivent réagir à ces modifications électromagnétiques, ce qui en théorie peut modifier la glande et sa fonction. Puisque cette zone est responsable entre autre de notre médiumnité, nous pouvons envisager que sa transformation pourrait nous rendre beaucoup plus réceptif aux différentes énergies qui circulent sur notre planète.

http://www.rtl.fr/actualites/espace/article/video-la-terre-frappee-par-la-plus-forte-eruption-solaire-depuis-5-ans-7745128613

Que cela peut-il avoir comme conséquences?

Des Hommes hautement réceptifs, développeront des capacités télé kinésiques et spirituelles.

Pourquoi ? Si vous désirez avoir les preuves scientifiques de ces propos, je vous propose de lire Le Trésor des immortels, aux éditions Sokrys. Ce livre devrait être disponible courant octobre 2012. J'y ai regroupé plusieurs domaines tels que les sciences, l'hermétisme, l'ésotérisme, afin d'apporter les preuves de notre nature potentiellement "divine".

Glande pinéale et les cristaux d'apatite: choix-realite.org
magiedubouddha.com

12 septembre 2012

Télékinésie: "Pouvoir humain"

Pour découvrir ce que vous êtes en réalité, et comprendre davantage notre Univers, pourquoi ne testeriez-vous pas la télékinésie ?
Détrompez-vous si vous pensez : foutaise ! Tromperie !
Testez et vous saurez !!!

Le test le plus simple consiste à prendre une feuille de papier d'aluminium, car léger, et de la placer en équilibre sur un pic à apéritif...

Mettez vos mains de part et d'autre l'installation et regardez, voir même sentez le lien qui s'opère entre vous et l'objet. C'est fugace, vous ne pouvez pas le maîtriser complètement. Si votre pensée est brouillée ou incertaine quant au résultat, la feuille oscillera légèrement, semblant hésiter pour tourner sur la droite ou sur la gauche. Si vous parvenez à faire le vide et à vous concentrer suffisamment, la vitesse de rotation de l'objet sera de plus en plus rapide et son sens de rotation sera net et précis.

Comment cela s'opère-t-il ? J'avoue être incapable de dire par où passe l'information responsable du résultat, car je ne ressens pas, contrairement au pendule, le magnétisme quitter mes mains, j'ai plutôt l'impression d'une circulation d'énergie à un niveau supérieur... Extrait su site: vincent.detarle.perso.sfr.fr

5 septembre 2012
Eruption solaire NASA !

D'après le site de la NASA
http://www.nasa.gov/mission

Une éruption solaire massive très importante s'est produit le 31/082012, le temps que l'effet nous parvienne, il aura fallu attendre 3 jours, soit le 3/09/2012 !
09.04.12

Sur le site de la NASA vous aurez accès à la vidéo... Impressionnant !
« On August 31, 2012 a long filament of solar material that had been hovering in the sun's atmosphere…but did connect with Earth's magnetic environment, or magnetosphere, with a glancing blow. »

Que pensez-vous de ce phénomène ?
La détection du champ magnétique terrestre permet aux cétacés de se repérer. La tempête solaire du 31 août serait-elle responsable de leur dérèglement, aboutissant à leur échouage?
Voici un article de :
http://www.letemps.ch/

ATS

« Un groupe de 26 baleines pilotes s'est échoué dimanche sur la côte est de l'Écosse, près de Saint-Andrews. (DR) »

« Vingt-deux baleines, dont cinq seulement ont pu être sauvées, se sont échouées sur une plage de Floride samedi, a-t-on appris dimanche auprès de l'Agence américaine océanographique (NOAA). D'autre part, seize baleines ont échoué sur la côte est de l'Écosse. »

Ce phénomène naturel, probablement dû aux changements astronomiques, telle que la traversée du nuage interstellaire expliqué par certains ou l'alignement des planètes présentée par d'autres, ne passe pas inaperçu.

Je pense qu'il y a de fortes probabilités que les échouages massifs de cétacés ou les extinctions brutales d'oiseaux, comme celles survenues aux États Unis en 2012, soient en grande partie dues à l'activité solaire.

De plus, les humains les plus réceptifs au champ magnétique terrestre, par exemple ceux qui ont développé leur magnétisme, sont susceptibles de ressentir fortement ces arrivées massives d'éjection solaire.

En cette période particulière, je crois que tout peut-être amplifié, que cela concerne nos sens, ou bien notre état de santé. De grandes vibrations peuvent être ressenties et il me semble qu'elles provoquent des remaniements ou nettoyages intensifs.

De quel genre de nettoyage s'agit-il? Ce bouleversement est comparable à ce que fait votre ordinateur quand il s'analyse...Le corps fait resurgir tout ce qui lui a été néfaste afin de s'harmoniser au mieux. ....

25 août 2012

Les vibrations

Les vibrations de l'amour : Êtes-vous prêts?
Etes-vous prêts à les recevoir ?
Le ciel ne nous tombe pas sur la tête, mais ses vibrations nous inondent. Le cosmos nous bombarde de particules capables de tout traverser.

Quelles en sont les conséquences? Mystère...Enfin, jusqu'à ces dernières années, car nous ne faisions pas le lien entre toutes les disciplines qui détenaient une partie de la réponse.

Aujourd'hui le cocktail de toutes les disciplines suivantes: biologie, sciences physique, mathématique, philosophie, aboutit à la "révélation". Nous sommes tous reliés, unis à l'Univers, dans une matrice qui nous inonde d'informations, sous la forme de force telles que le boson de Higgs ou bien d'autres encore.

La science accepte difficilement ce fait qui déstabilise un dogme admis depuis plusieurs siècles. Cependant toutes les personnes intuitives reconnaissent cette vérité. Pour en revenir à ce qui se passe de nos jours, vous devez savoir que s'offre à nous de nouvelles facultés psychologiques et spirituelles si nous les acceptons, cependant les plus dubitatifs d'entre vous se sont érigés une muraille qu'il sera difficile de fracturer.

Mais si vous ressentez comme un sentiment de curiosité ou un intérêt même infime, malgré le fait que ce discours vous paraît d'un premier abord désuet ou utopique, alors je vous propose de lire mes deux essais "Voyage initiatique au cœur de nos origines" ,"Le trésor des immortels" de Sandrine Laroche, et ces ouvrages magnifiques, chacun à leur manière,"Initiation" de Elisabeth Haich, "Le secret de Shambala" de james Redfield, "Physique de la matière" de Raphaël Cannenpasse, "Le pouvoir guérisseur de l'eau" de Masaru Emoto.

Bonne recherches à vous tous

11 novembre 2012

Activité solaire 11 novembre 2012

Dans la nuit du 10 au 11 novembre 2012, une éruption solaire de type M1 s'est produite.
D'après le site: http://www.spaceweatherlive.com/fr/rapports/rapport-dactivites

"The geomagnetic field is expected to be quiet with a slight chance of unsettled levels on day one (11 Nov.)...will increase geomagnetic activity to active levels with a chance for minor storm periods on days two and three (12 Nov, 13 Nov)."
Pour faire court, il y a une possibilité de voir l'activité géomagnétique augmenter en ce jour et les deux jours prochains, du fait de l'éjection coronale du 9 et 10 novembre 2012.

Pour ceux qui sont particulièrement sensibles à l'activité solaire vous aurez sans doute perçu une augmentation des vibrations hier au soir, dès minuit....

Nous subissons fortement cette activité, notre corps est sensible aux modifications de l'environnement, prenez en considérations les variations du baromètre qui peuvent générer des crises d'arthrose... ceux qui sont faiblement réceptifs à l'électromagnétisme ne détecterons rien de particulier, pourtant de la même façon que ceux qui ressentent les variations de pression atmosphérique (grâce à leur arthrose), ceux qui perçoivent le champs électromagnétique de leur environnement pourront affirmer qu'il se produit quelque chose.
Pour vous rassurer, il est clair que ces grand changements ne nous sont pas néfastes, puisque l'humanité ne développe pas de maladies ou de syndromes particuliers depuis

ces dernières années, il semble donc maintenant plus que probable que le mécanisme qui est en marche nous sera favorable d'un point de vue évolutif... mais évidemment ceci reste mon point de vue, qui à l'échelle de l'humanité correspond à une goutte d'eau microscopique dans la mer de l'humanité !

Cependant permettez-moi d'insister, si je continue à faire confiance à mon sixième sens, devant nous s'offre une possibilité d'évolution gigantesque: Pourquoi pas un saut évolutif ? Vous vous direz sans doute, comment peut-elle en être persuadée ? Ou encore, pour qui se prend-t-elle?

Ceux d'entre vous qui auront lu mon essai "Voyage initiatique au cœur de nos origines", comprendrons que je suis à la recherche de la connaissance, celle du sentier ... Et pour ceux qui sont également titillés par la soif du savoir que ce soit dans le domaine des sciences avec le progrès de la physique quantique, ou de la biologie moléculaire, de la mythologie, de l'archéologie pour l'histoire de l'humanité et de l'approche de notre essence énergétique, je crois que vous me comprendrez...

Rien de révolutionnaire dans mes propos, juste une certitude liée à mon sixième sens ! Et ce que je suis, n'est pas extraordinaire, puisque tout comme vous, je fais partie de cette grande fraternité humaine qui ne demande qu'à évoluer vers un avenir meilleurs ...
Alors soyons réceptif à ce changement et par notre volonté faisons en sorte qu'il soit positif !

8 novembre 2012

Activité solaire 2012... Suite...

D'après le site: http://www.swpc.noaa.gov/SWN/, l'activité du 7 novembre 2012 présageait un sursaut du Soleil...

Et bien, toujours d'après ce site http://www.swpc.noaa.gov/SWN/, l'analyse que je vous ai proposé mercredi 7 novembre est confirmée par l'enregistrement fait très tôt ce matin : Une éruption de type M1...

D'après les enregistrements sur la densité et la vitesse des vents solaires en ce jour, il est envisageable que notre Soleil reprenne le rythme élevé des deux mois précédents. Mais pour le moment, rien d'alarmant, les prévisions du cycle solaire, sont semble-t-il respectées.

Attendons de voir les jours suivants...
Rappelons-nous qu'il n'y a pas pour autant d'inquiétude à ressentir, juste un esprit curieux et scientifique à développer !
Donc pas de fin du monde, mais probablement un monde en évolution comme la Terre l'a sans doute déjà vécu.

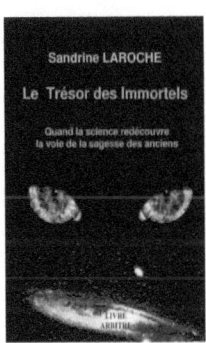

http://www.sokrys.com/product.php?id_product=83

7 novembre 2012

Activité solaire 2012... Suite

« NASA's Solar Dynamics Observatory is monitoring a dark hole in the sun's atmosphere, a "coronal hole" »
Mercredi 7 novembre, l'activité solaire est reconnue comme étant calme, cependant, comment interpréter l'enregistrement ci-dessous?
Le calme avant la tempête?

Voir le site http://www.swpc.noaa.gov/SWN/
Ces graphiques montrent une fluctuation importante au niveau de l'activité géomagnétique, la vitesse et la pression sont fonctions des vents solaires. Vous pouvez constater que les flèches sont orientées vers le jaune-rouge, nous pouvons en conclure qu'il pourrait bien se produit un phénomène important...

Évidemment, il ne s'agit que d'une interprétation personnelle, la NASA et la météo de l'espace ne concluent pas sur ce phénomène....
Consultez le site space weather now afin de voir les graphiques en mouvement.
Explications des graphiques:

Lorsque le champ magnétique interplanétaire tour sud par rapport au champ magnétique de la Terre, l'activité géomagnétique va augmenter. As the B z (Southward pointed) value becomes more negative, the associated geomagnetic activity increases. Comme le B z (vers le sud souligné) la valeur devient plus négatif, les augmentations associées activité géomagnétique
A suivre....

4 novembre 2012

21 novembre 2012... Hautes vibrations
http://www.nasa.gov/topics/earth/features/2012-alignment.html

La NASA ne reconnaît pas le phénomène d'alignement galactique du 21 décembre 2012, comme étant extraordinaire.
Il est vrai que d'un point de vue astronomique et purement mathématique notre éloignement face au Soleil et encore plus, face au centre de la galaxie rend potentiellement impossible toute interaction...

Cependant, cette considération est proche de celle du rôle du Soleil sur les énergies telluriques et humaines, c'est à dire que la NASA l'ignore !
Certes, il faut être ultrasensible à notre environnement pour détecter ces vibrations, et pour ceux qui ont besoin de preuves, n'oublions pas les échouages massifs de cétacés durant l'année 2012...

Les énergies ne sont pas palpables ou visibles pour la plupart d'entre nous, cependant, elles le deviennent progressivement.
Même si vous n'êtes pas adepte de cette réalité parallèle, je pense qu'il est temps de les expérimenter pour votre bien et celui de la vie en général. Il n'y a aucun danger à s'essayer aux énergies qui nous entourent, à partir du moment où vous le faites avec le cœur pur.

Nous sommes dans une période transitoire et le principe de notre société avec ses abus de tous genres déplaît à la plupart.
Qui ne rêve pas de vivre dans un monde de paix ? De joie ? D'harmonie ? Où plus aucune violence physique ou mentale ne sévit ?
Pourquoi ce monde ne pourrait-il pas voir le jour ?

Il y a une raison à cela: notre état dans la matière ! Nous sommes englués, mais cela ne nous excuse pas...

Plus nous serons capables de voir le monde avec de l'empathie, plus notre détachement positif nous permettra de trouver les bonnes solutions.

Alors, où trouver cette empathie ? Elle existe cachée au fond de notre cœur et ne demande qu'à être révélée au grand jour, et pour y arriver nous devons nous mettre en accord avec tout ce qui nous entoure, être capable de ressentir notre environnement.
Ouvrez-vous davantage grâce aux vibrations qui nous parviennent de la Terre et de l'Univers.

Comment ?
Tout le monde a déjà vu les statues égyptiennes, leur position assise, le dos droit et les mains sur les genoux ... Faites en autant, collez votre langue au palais, imaginez que vos jambes s'allongent dans la Terre et votre tronc vers le ciel. Laissez faire...
Par la pensée devenez conscient de l'énergie de la planète et de l'Univers...

Voir la statue égyptienne dans le Temple de Karnak, Louxor, Égypte.
http://fr.123rf.com/photo_7935386_big-assis-statue-egyptienne-dans-le-temple-de-karnak-louxor-egypte.html

Pourrions-nous être à l'aube d'un nouveau jour ?
Ensemble soyons capables de recevoir et de donner l'énergie qui nous parvient.
Envoyons des pensées pures et douces ...
Si nous avions un geste gratuit à faire régulièrement, ce serait celui de dire mentalement avec tout notre amour cette phrase:
"Paix et Amour pour la Terre et la vie qu'elle abrite... "

Ne rejoignez pas de sectes ou les mouvements qui vous promettent de passer la transition grâce à leur pouvoir !

Vous êtes votre seul maître ! Vous seul pouvez trouver le chemin !
Si vous avez besoin d'être accompagné assurez-vous d'être libre de vos pensées et de vos actes, votre liberté est gratuite ...
Amitiés

28 octobre 2012
La vérité sur 2012...
L'activité solaire et l'activité sismique ou volcanique terrestre, ne sont pas les signes d'une fin annoncée... par tous ceux qui sont friands de la peur !!
Comme je vous l'ai démontré dans mon article sur les conséquences de l'activité solaire, notre potentiel peut s'avérer démultiplié à l'approche du changement planétaire. Oui, il est plus que probable que le calendrier maya soit exacte, mais pas son interprétation occidentale !

Nous devrions tous commencer à percevoir les changements et ressentir de la répulsion pour l'agressivité.
Nous devrions tous être attirés inexorablement vers la paix et l'amour universelles...
Je vous propose pour preuve une interview d'un chaman et la lecture de mon livre qui a pour vocation de prouver ce que nous sommes et notre potentiel en ces temps de grands changements....

"Le trésor des immortels, quand la science redécouvre la voie de la sagesse des anciens", aux éditions SOKRYS. Parution novembre 2012
  http://www.sokrys.com/product.php?id_product=83

Où trouver « la connaissance » universelle capable d'étancher la soif du « chercheur » de vérités ?
Où trouver les réponses sur nos origines et comment découvrir la voie de la sagesse ou celle de l'initiation.

Si vous êtes en quête de votre moi intérieur et sensible aux énergies cosmiques et telluriques, cet ouvrage est pour vous.
Progressivement, l'auteure vous emmènera à la découverte de multiples univers ou mondes parallèles.

Vous aurez en main les preuves d'une connaissance d'antan surpassant la nôtre.
Cet ancien savoir hermétique vous permettra d'accepter une réalité invisible mais puissante. La magie qui est à votre portée ne peut être possédée que par des êtres évolués spirituellement, l'objectif ultime étant de faire ressentir ces mondes invisibles en essayant des techniques qui, selon l'auteure, ont fait leurs preuves.

Enfin, elle vous invitera à découvrir votre mission de vie, qui fait que vous existez pour le bien de notre planète.

27 octobre 2012
Activité solaire...conséquences

La NASA affirme qu'il n'y a pas de risques pour la vie de la planète, durant cette phase d'activité. Le paroxysme devrait se produire en 2013...
« A solar flare on Oct. 22, 2012, as captured by NASA's Solar Dynamics Observatory (SDO) in the 131 Angstrom wavelength. » Extrait du site de la Nasa.

Je ne suis pas partisane de la théorie de l'apocalypse, mais je considère qu'en partie à cause d'elle, les scientifiques se refusent l'idée de faire un lien entre l'activité accrue du Soleil et les échouages massifs des cétacés.

Afin de ne pas parler dans le vide, je vous propose ci-dessous les articles qui me poussent à croire en l'impact réel du Soleil sur la vie.

Extrait de http://cetacesetfaunemarine.wordpress.com/ :

- "Vendredi 26 Octobre 2012. Sur les côtes du Finistère à Penmarc'h, une baleine a été retrouvée morte jeudi matin par des promeneurs..." source AFP
Autre cas durant cette même période:
- "25 Octobre 2012. Quelque 40 baleines (Ndlr Sibylline : dauphins) sont mortes après un échouage massif jeudi à un millier de kilomètres au large de la côte est de l'Inde, sur l'île d'Andaman du Nord (golfe du Bengale).
- Les globicéphales (aussi appelés baleines-pilotes) à nageoires courtes ont été retrouvés par des pêcheurs, il s'agit d'un échouage massif», d'après Ajai Saxena, responsable de la faune à Port Blair, capitale des îles Andaman."

Toujours d'après le site: "Selon Ajai Saxena, il s'agit d'un phénomène naturel survenant quand les baleines sont désorientées et incapables de retourner nager en eaux profondes. Un échouage peut se produire lorsqu'un troupeau suit une baleine malade ou blessée vers un bas-fond."

En fait, se pourrait-il que le dysfonctionnement électromagnétique de la Terre suite à l'éruption de classe X du 23 octobre soit responsable de cet échouage ? Notez que ce phénomène n'est pas localisé uniquement dans ce golf....

Cas étrange supplémentaire durant cette période d'activité solaire intense.

"Jeudi 25 octobre 2012 (Flash d'Océanie). SUVA – Les autorités fidjiennes ont demandé en milieu de semaine aux villageois de Dravuwalu et de Totoya (groupe des îles Lau, Sud-est de Fidji) de ne plus s'approcher d'une baleine à bosse d'une quinzaine de mètres qui se trouve dans le lagon riverain de Naivakamatuku depuis environ un mois…. Le dernier cétacé ne semble pas être parvenu à retrouver le chemin de la haute mer."

D'après la revue The Bilogy Letters, d'avril 2011 :"There are two main theoretical frameworks explaining orientation and navigation during migration, Over the past 60 years, significant experimental research has identified two sources of directional (i.e. 'compass') information used by animals: the Earth's main magnetic field and the position of the Sun."

Donc l'activité solaire peut avoir indéniablement un rôle à jouer dans l'orientation de ces animaux...
Et qu'en est-il pour l'Homme?
Il faudrait que les vents solaires traversent la magnétosphère pour qu'il se produise quelque chose... Or d'après une publication de http://sci.esa.int/science-e/www/object/index.cfm?fobjectid=50977 du 24/10/2012, du site officiel de l'agence saptiale américaine :

« A new study based on data from ESA's Cluster mission shows that it is easier for the solar wind to penetrate Earth's magnetosphere than had previously been thought. »

Une nouvelle étude démontre que notre magnétosphère est traversée plus facilement que les prévisions l'estimaient...
Il me semble scientifiquement correct d'envisager que les particules ionisées auront un impact sur le fonctionnement de toute la biochimie organique, que ce soit

l'homéostasie au niveau cellulaire (équilibre des cellules) ou le fonctionnement des neurones (cellules nerveuses) dont le mode de communication est électrochimique. Peut-être devons-nous nous attendre à une surexcitation neuronale, accompagnée d'un bouleversement de l'équilibre intérieur nécessitant un auto-nettoyage afin de se stabiliser...

Cela pourrait expliquer le comportement humain qui pour certains montre une forte agressivité et pour d'autres une attraction vers la spiritualité dû à une plus grande conscience !
Bonne médiation

11 octobre 2012
NASA...activité solaire 20 octobre 2012

Le samedi 20 octobre 2012 :
Explosion solaire de classe M9 !
Les conséquences de cette explosion seront sans doute ressenties dans les heures qui suivent au niveau de la réception et de l'émission des ondes radios. Une alerte de type R2 est lancée.

Je vous propose différents extraits des sites les plus sérieux en la matière.
Extrait du site: http://www.spaceweatherlive.com/en/reports/solar-activity-report
" An impulsive M9 flare occurred at 20/1814Z from newly numbered Region 1598 (S15E82). This region appeared to be responsible for several C-class flares as it approached the visible disk and will continue to be the area of interest for the next few days. "

La région responsable de l'émission de classe M9 correspond à la zone active déjà responsable de nombreuses explosions de type classe C.

Extrait du site : http://www.spaceweather.com/
« ALMOST-X FLARE: On Oct. 20th at 1814 UT, Earth-orbiting satellites detected a strong M9-class solar flare... NOAA forecasters estimate a 40% chance of M-flares and a 10% chance of X-flares during the next 24 hours. Solar flare alerts:text, voice. » Suite à cette explosion de type classe M9, les scientifiques s'attendent à 40% de chance d'observer des classes M et 10% de type classe X, durant les 24 heures qui suivent la classe M9.

Extrait du site:

http://www.nasa.gov/mission_pages/sunearth/news/News102012-m9flare.html
NASA's Solar Dynamics Observatory (SDO) captured this image of an M9-class flare on Oct 20, 2012 at 2:14 p.m. EDT.
"Solar flares are gigantic bursts of radiation. The harmful radiation from a flare cannot pass through Earth's atmosphere to physically affect humans on the ground, however -- when intense enough -- ."

Les scientifiques de la NASA pensent que le résultat de ces explosions solaires ne peut pas passer à travers l'atmosphère terrestre et affecter l'Homme, mais peuvent cependant affecter les GPS et appareils de communication.
Cependant, je me permets de vous rappeler que nous ne connaissons pas toutes les énergies émises par le Soleil et leurs effets sur la vie...

"Increased numbers of flares are quite common at the moment, since the sun's normal 11-year activity cycle is ramping up toward solar maximum, which is expected in 2013. Humans have tracked this solar cycle continuously since it was discovered in 1843, and it is normal for there to be many flares a day during the sun's peak activity."
La NASA rassure sur le fait, que le Soleil est dans une phase d'activité normale, avec

un cycle de 11 ans. Une période d'activité intense est attendue pour 2013, phase maximale du cycle.

Extrait du site : http://www.swpc.noaa.gov/NOAAscales/index.html#RadioBlackouts
Les conséquences au niveau des communications sont expliquées ici.

Le 10 octobre 2012
Cet automne 2012, les êtres sensibles aux phénomènes électromagnétiques sont "chamboulés".

Les vibrations sont quasi permanentes et intenses.
Une des raisons possibles peut- être l'activité solaire accrue.
Voici une preuve supplémentaire de cette activité intense: je vous propose de visiter le site de la NASA, ci-dessous vous avez le lien...

"Very Active Region Coming Our Way"
A new, very active region is approaching over the left side of the sun. It has already popped off 12 flares (C and M class) in 2 days (Oct. 8-10). The region may be a harbinger of geo-effective activity to come. Credit: NASA/SDO

14 novembre 2012 3 14 /11 /novembre
Activité solaire 13 novembre 2012... Forte tempête géomagnétique

Dans la journée du 13 novembre plusieurs éruptions solaires de classe M 6 ont été enregistrées ...

Extrait du site de la NASA: « Visible in the lower left corner, the sun emitted an M6 solar flare on Nov. 13, 2012, which peaked at 9:04 p.m. EST. »

A voir, le graphique mesurant les électrons et protons transportés par les vents solaires sur site: http://www.spaceweatherlive.com/fr

La conséquence de cette activité solaire est notamment une alerte de type G2: les hautes latitudes seront témoins d'aurores boréales et les hautes fréquences radio pourront être perturbées.

http://www.swpc.noaa.gov/NOAAscales/index.html#GeomagneticStorms
D'après ce même site (serieux pour ses informations), il y a 65% de chance d'avoir en cette journée du 14 novembre des éruptions de classe M et 15% de chance de classe X, ce qui n'est pas négligeable...

Notre Soleil ets effectivement entré dans une phase active.
 Cependant, la Nasa qui présente cette éruption solaire sur son site,n'oublie pas de nous souligner ,à juste titre ,que nous sommes dans la norme au niveau du cycle solaire prévu.

Site de la NASA: http://www.nasa.gov/mission_pages/sunearth/news/News111312-m6flare.html
L'activité de notre Soleil est certes cyclique, tout comme le reste du fonctionnement du cosmos et de la vie en général. Cependant nous devrions envisager que cet ensemble, vie et Univers, forment un tout qui en symbiose évoluent...

Il est évident que l'évolution de la vie sur la planète n'est pas linéaire, nous sommes donc en droit de nous poser la question du rôle des cycles solaires sur cette évolution. Les sauts évolutifs sont nombreux, le Soleil pourrait-il être le déclencheur?

L'humanité s'est intéressée aux astres et à leur cycle depuis ses débuts, ne serait-ce pas une preuve supplémentaire que notre conscience "instinctive" que l'auteur

Sheldrake nomme à juste titre les champs morphogéniques, nous pousse à surveiller notre co-créateur, le Soleil?

Nous sommes plus complexe que ce que nous pouvons voir avec nos yeux, de la même façon ce que nous voyons du Soleil, n'est certainement qu'une infime partie de ce qu'il est en réalité.

Alors faut-il avoir peur comme certains le souhaiteraient ?
A mon humble avis, je ne pense pas ! A nous de construire notre avenir, donc notre évolution, souhaitez-vous un monde peur ?

Il faut être conscient de ce qui se passe, l'accepter et travailler sur soi pour que le phénomène soit utile à l'Humanité...

C'est pourquoi, je souhaiterai vous proposer le livre dans lequel je présente le pourquoi et le comment de notre nature si particulière, qui fait que certains nous ont comparés à des dieux...

Permettez-moi de vous proposer
Le trésor des immortels, Quand la science redécouvre la voie de la sagesse des anciens manuels de reconnexion, aux éditions SOKRYS, pour l'obtenir il faut les contacter 612691752 http://www.sokrys.com/ ,E mail: sokryseditions@voila.fr ou votre libraire.
http://www.sokrys.com/product.php?id_product=83

8 décembre 2012 6 08 /12 /décembre /2012 16:40

21 décembre : reconnexion

La théorie du bouleversement cataclysmique n'est pas plausible...

Le point de vue de la NASA: Il n'y a pas plus de risques de collision le 21 décembre 2012 qu'un autre jour.

Extrait du site de la NASA: http://www.nasa.gov/topics/earth/features/2012.html#end

La planète devrait survivre encore longtemps, comme elle a su le faire depuis plus de 4 milliards d'années...

Tous les mois de décembre, de chaque année, la planète Terre s'aligne avec le Soleil dans l'axe de la voie lactée, et cela ne produit aucune catastrophe planétaire...

http://www.youtube.com/watch?feature=player_embedded&v=fEPPGF3KrMQ

Site de la NASA: http://solarsystem.nasa.gov/planets/profile.cfm

Remarquez: Notre système solaire possède la particularité de posséder une ceinture d'astéroïdes entre Mars et Jupiter.

http://www.nasa.gov/connect/chat/geminids2012.html

Cette année, la pluie de météorites de Geminid devrait être exceptionnelle et cela à compter du 10 jusqu'au 16 décembre 2012. Le pique est attendu la nuit du 13 au 14 décembre.

D'où viennent ces météorites?

http://science.nasa.gov/science-news/science-at-nasa/2010/06dec_geminids/

Phaéton est un astéroïde dont l'orbite n'est pas commune. Sa trajectoire fait de lui un objet céleste à part. Il semblerait qu'il ait été percuté par un autre objet et le résultat: un nombre important de débris célestes, soit des météorites qui chaque mois de décembre se retrouvent à proximité de la Terre.

Ce mois la Terre verra plus de 120 météorites par heure...

Mais, alors que craignons-nous vraiment?

Les crop cercle peuvent avoir été mal interprétés, tout comme les calendriers Mayas ou autres.

Voici une autre vision du phénomène:

A voir :

http://www.cropcircleconnector.com/inter2012/italy/Santena2012a.htmlCette
Cette représentation peut apporter une information supplémentaire. Certes il s'agit d'un crop circle, certains sont fait de la main de l'Homme, mais celui-ci peut-être "réel".

Vous y retrouvez les quatre planètes telluriques de notre système solaire et la ceinture d'astéroïde qui établit la limite avec les planètes gazeuses. Une planète ou un objet céleste, ne possédant pas l'orbite des planètes de notre système solaire semble arriver au moment d'une pluie de météorite. Cet objet en question est peut-être localisé dans la constellation du cancer(?).

Ce crop circle peut-être un indicateur de temps... Il n'y a pas de scénario catastrophe dans tous les crop cercle. Un autre crop cercle peut-être l'indice manquant concernant le phénomène à venir...

http://www.cropcircleconnector.com/2012/Etchilhampton2/etchilhampton2012b.html
Que pensez-vous de:

Une connexion se réalisera entre "le monde d'en haut" et "le monde d'en bas"?
Comprenez par là une connexion entre deux dimensions différentes, l'une plus subtile que l'autre.

Pas de sectarisme, ou de manipulation de votre esprit !
Vous êtes votre propre juge et détenteur de votre vérité...
Il s'agit juste d'une idée qui peut-être mérite qu'on s'y attarde...

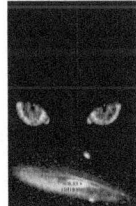

5 décembre 2012 3 05 /12 /décembre /2012 14:57

21 décembre 2012: éveil de l'âme

Les preuves scientifiques d'un changement planétaire sont nombreuses, l'augmentation de l'activité sismique et volcanique de la Terre, l'activité accrue du Soleil... Tout concorde vers ce que certains nomment " l'Éveil au POINT ZERO ".
http://www.liberation.fr/monde/2012/11/07/seisme-meurtrier-au-guatemala_858942
"Séisme meurtrier au Guatemala le 7 novembre 2012"

D'après le même journal, le 14 septembre 2012: Puissante éruption volcanique au Guatemala. Le Volcan de Feu a projeté jeudi un large panache de cendres sur les localités voisines, et plusieurs dizaines de milliers de personnes doivent être évacuées.

Concrètement, que se passe-t-il ?
Les revues scientifiques ne veulent pas prendre de risques, en exposant le phénomène de la résonance de Schumann. Si vous cherchez dans la revue " La recherche", vous trouverez cet article :

Voir un extrait du site: http://www.larecherche.fr/actualite/aussi/terre-resonne-trembler-01-06-1998-88924
" La Terre résonne sans trembler "

Comme une cloche, la Terre peut résonner. En général, ces vibrations sont déclenchées lors de très gros séismes,... En étudiant les signaux enregistrés par un réseau de gravimètres très sensibles, des chercheurs japonais ont détecté des oscillations de ce type, de faible amplitude mais observables sur dix ans de mesure ! N. Suda et al, Science, 279, 2089, 1998. Ces vibrations ne sont associées à aucun gros tremblement de terre et ne peuvent être expliquées par d'autres séismes. ... Les chercheurs japonais suggèrent que ce bruit de fond trouverait sa source dans les turbulences atmosphériques et serait le résultat d'un couplage entre la Terre solide et l'atmosphère. "

Qu'est-ce que ce couplage Terre/Atmosphère ? Et bien la réponse est "la résonance de Schumann...

Voir le site :
http://www.2012un-nouveau-paradigme.com/article-l-eveil-au-point-zero-et-resonance-de-schumann-88360492.html

La Terre vibre à des fréquences plus élevées et les êtres qui possèdent une forte sensibilité vibrent également.

Il y a quatre ans, ces vibrations étaient plus grossières et touchaient particulièrement les zones basses du corps. Progressivement, elles sont devenues plus subtiles, remontant dans le corps, se localisant dans le thorax-abdomen. Elles ont pu provoquer des spasmes puissants, à la limite du malaise vagale. Actuellement, la tête est la zone la plus touchée, ce qui se ressent comme des sensations de pression, avec des bouffées de chaleur électrique dans la bouche. Si votre corps n'est pas épuisé vous serez plus résistants aux maladies, mais si vous le malmené, votre faiblesse permettra aux micro-organismes de vous coloniser.

Prenez soin de votre corps, et libérez votre âme, c'est le moment de faire des bilans sur ce que vous êtes venus créer sur cette planète.

Avec les changements vibratoires, nous pouvons commencer à percevoir la nature de notre Univers. Les couleurs sont différentes, ainsi le ciel peut paraître plus rose. L'aura de tout ce qui nous entoure est plus facilement décelable.

Il est temps de nous éveiller...

Des clés puissantes existent, pour ceux qui ne parviennent pas encore à sortir de leur torpeur. Des chercheurs de lumières, tout comme moi, se sont prêtés au jeu de l'écriture, afin de donner ce qui leur a été offert par l'énergie cosmique, si puissante ces dernières années. Tout chercheur de lumière est dans l'obligation de partager son savoir avec ceux qui sont prêts à le recevoir. .

J'ai fait l'expérience de donner mon premier essai à certaines personnes, croyant qu'elles étaient prêtes. Mais j'ai découvert qu'il était préférable de laisser les personnes venir à la connaissance. Donner cette connaissance à ceux qui ne sont pas prêts risque de ternir la lumière qui émane de ce trésor. La lumière doit être transmise à des âmes en voie d'éveil, elles en ont fait le choix...J'espère cependant qu'il arrivera un moment où toutes les âmes en auront fait le choix.

La peur du 21 décembre 2012, doit disparaître, elle provient de la civilisation que nous avons créée. Cette dernière repose sur la peur, elle nous a montré ses limites. Il doit être temps de changer nos valeurs et découvrir ce monde tel qu'il peut être, si nous le désirons avec un cœur pur.

7 février 2013 4 07 /02 /février /2013 18:17

Activité solaire 2013 et dérive du pôle Nord magnétique: Quels risques?

Un double constat alarmant:
- Une activité solaire plus intense, même si depuis trois mois notre chère astre semble s'être radouci.

Le 7 février 2013 la NASA a enregistré deux CME ...
http://www.nasa.gov/mission_pages/sunearth/news/News020713-cme.html

Des particules solaires se dirigent vers la Terre et l'atteindront dans 1 à 3 jours.

Les CME qui se dirigent vers la Terre entraînent des aurores boréales et peu ou pas de perturbations électromagnétiques dans le fonctionnement des GPS ou des satellites.

Les précédentes perturbations enregistrées en 2012 on tout de même déclenché des alertes de différents niveaux.

Nous pouvons suivre les alertes sur: NOAA's Space Weather Prédiction Center (http://swpc.noaa.gov)
-Dérive du pôle Nord magnétique et perturbation du pôle Sud magnétique:
Qu'en pense l'institut de physique du globe? http://www.ipgp.fr/pages/060302.php
Interview d'Arnaud Chulliat sur la dérive du pôle nord magnétique, diffusé le 30 mars 2012 au Soir 3.

Un phénomène qui prend de l'ampleur : le pôle Nord se déplace plus rapidement et plus loin !
Que se passera-t-il si le Soleil se réactive et que notre bouclier se "désactive"?
Image extraite du site de ipgp: voir la magnétosphère recevant les vents solaires;
A quoi sert le bouclier ?
- Rôle du bouclier d'après l'institut de physique:

«UN BOUCLIER DE PROTECTION POUR LE VIVANT »

La magnétosphère, créée par le champ magnétique terrestre, joue un rôle essentiel dans le développement de la vie sur terre en déviant les particules de haute énergie du vent solaire et des rayons cosmiques protégeant ainsi la biosphère de leur impact. Dans les périodes de forte activité solaire, on assiste à une augmentation brutale du rayonnement UV et X en provenance du soleil, ainsi que de la vitesse du vent solaire. Des particules (plasma) pénètrent alors dans la cavité formée par le champ magnétique terrestre (appelée magnétosphère) donnant lieu à des phénomènes

spectaculaires:les orages magnétiques et les aurores boréales."
A voir :
http://www.cnrs.fr/cw/dossiers/dosbiodiv/index.php?pid=decouv_chapA_p2_f1&zoom_id=zoom_a2_1

Y-a-t-il un lien avec l'extinction des espèces par le passé ?
Que nous dit le CNRS ?

"Par le passé le champ magnétique de la Terre s'est inversé à de nombreuses reprises et à n'en pas douter, un jour ou l'autre, le pôle nord magnétique retournera au pôle sud géographique....Comment se déroule une inversion de pôles ? Doit-on redouter, durant ces phases de transition, l'affaiblissement du bouclier magnétique qui protège la planète des rayonnements cosmiques ? Et faut-il s'inquiéter pour les oiseaux migrateurs qui utilisent le champ magnétique pour se repérer ? "

La réponse dans la vidéo sur le site du CNRS
http://www.insu.cnrs.fr/terre-solide/dynamique-interne/que-se-passe-t-il-lorsque-le-champ-magnetique-s-inverse

Réponse: En théorie pas de lien avec les extinctions mais un risque de taille : Le Trous dans la couche d'ozone amplifié ...
Recherches et investigations à poursuivre...

21 février 2013 4 21 /02 /février /2013 09:44
Risque d'éruption solaire fin février 2013

La NASA a enregistré les 19 et 20 février 2013 un ensemble de deux taches solaires équivalant à six fois la taille de la Terre.

Les champs magnétiques solaires se réorganisent ce qui peut provoquer la formation de taches solaires. Ce genre de configuration est propice à l'apparition d'éruptions solaires.

Depuis quelques temps le Soleil nous a envoyé régulièrement des vents solaires et le dernier en date est du 16 février, avec une vitesse de 382 km/sec.
http://www.nasa.gov/mission_pages/sdo/news/fastgrowing-sunspot.html

Le 05 février 2012 la NASA a déjà enregistré deux CME:
Extrait : http://www.nasa.gov/mission_pages/sunearth/news/News020713-cme.html

A ne pas confondre avec une éruption solaire, une CME est un phénomène solaire qui envoie des particules capables d'atteindre la Terre en deux ou trois jours.
Les CME peuvent provoquer l'apparition d'aurores boréales mais sont incapables de perturber le fonctionnement technologique de la planète contrairement aux éruptions solaires.

Devons-nous nous attendre à une reprise en force de l'activité solaire avec de fortes éruptions ?

5 mars 2013 2 05 /03 /mars /2013 15:07

mars 2013 : Eruption solaire classe M, mais la Terre...

Eruption solaire.
Extrait du site : http://www.nasa.gov/mission_pages/rbsp/news/third-belt.html
La NASA s'y attendait au vu des deux taches sombres enregistrées en février.

Ce mardi 5 mars à 8h09, le Soleil a évacué un trop plein d'énergie sous la forme d'une éruption de classe M1. Une alerte radio de type II a été lancé. Depuis quelques jours d'autres alertes avaient retenti concernant un flux d'électrons.

Extrait du site http://www.swpc.noaa.gov/SWN/
Latest Alert: Mar 05 0825 UTC ALERT: Type II Radio Emission
NOAA Scales Activity
Comment la Terre va-t-elle réagir?

Et bien c'est là où la dernière découverte de la NASA peut nous mettre sur une nouvelle piste. Car suite aux différents assauts du Soleil en 2012, la ceinture de Van Allen, s'est modifiée.

http://www.nasa.gov/mission_pages/rbsp/news/third-belt.html
Une troisième couche semble la protéger. Si la planète a réagi ainsi face aux intrusions excessives du Soleil, ne devrions nous pas arriver à la déduction d'une réaction "intelligente" ?

Dur à avaler pour de nombreuses têtes bien pensantes... cependant, il est évident que depuis un certains nombres d'années la Terre change comme je l'ai déjà exprimé dans mes précédents articles, elle est en pleine mutation.

Cette réaction qui pour la plupart sera envisagée comme une réaction en chaîne purement électrique, me pousse à imaginer que notre Mère se prépare à nous protéger.... L'avenir me donnera tort ou raison...

Croyant fermement en notre capacité vibratoire, je pense que nous avons chacun un rôle à jouer pour aider notre planète.
Comment?

Pas de technologie... Elle est obsolète avec l'espace, d'ailleurs, nous ne maîtrisons pas grand chose, au vu de l'astéroïde qui a implosé dans le ciel de Russie, tel un astroblème, alors que tout le monde avait les yeux rivés sur celui qui frôlait la Terre ce vendredi 15 février dernier !

Alors que devons nous faire ? Le pouvoir de notre pensée et de notre cœur... Envoyer lui tout l'amour que vous pourrez, visualisez le sortant de votre cœur, tel un nuage rose, la recouvrant complètement à la manière d'un bouclier protecteur.

Je sorts de ma réserve et je me permets de m'adresser à vous :
Vous avez le droit de douter, mais qu'est-ce qui vous empêche d'envoyer de l'amour à votre planète ? Il ne s'agit pas de le faire devant tout le monde. Et pour ceux qui en sont convaincus, je fais appel à vous: essayer de passer le message à un maximum de personnes.

MERCI.....MERCI..... MERCI pour ELLE

4 mai 2013 6 04 /05 /mai /2013 08:38
Eruptions solaires importantes

Ce vendredi 3 mai 2013, le Soleil a manifesté de façon plus prononcé sa présence avec l'émission de plusieurs éruptions dont 2 de types M, l'une M1 et l'autre M5.
http://www.nasa.gov/mission_pages/sunearth/news/News050313-flare.html
Bien que la NASA souhaite nous faire retenir que ces éruptions n'ont aucune conséquence sur le vivant, nous sommes en droit de réfléchir par nous même.

Si l'on dresse un premier bilan sur cette activité, il est évident qu'elle est plus importante. Ce qui a priori est normal, puisque cyclique. Deuxième constat, la Terre est plus active géologiquement. Troisième constat, l'échouage massif des cétacés et les chutes inexpliquées d'oiseaux. Je ne rentre pas dans les détails ayant déjà traité du sujet plus amplement dans mes articles précédents. Alors que pouvons rajouter de nouveau?

Un phénomène qui touche l'humanité: un réveil des consciences!
Le monde tel que nous l'avons créé ne nous convient plus de par ses contraintes et ses échecs. Les êtres humains cherchent une paix du cœur, une sérénité qu'ils trouvent pour certains dans les cultures indiennes. De nombreux scientifiques sortent du dogme établi par leur père grâce à la physique quantique. Elle leur ouvre les yeux sur une réalité complexe. Le monde leur apparaît beaucoup plus intriqué, nos pensées ayant des répercutions importantes sur le monde. Pour preuve, les expériences sur l'eau de Mazaru Emoto. Alors, l'humanité se questionne, sommes nous plus que ce que nous croyons? Avons-nous un rôle de créateur dans cette réalité?

N'oublions pas que nous sommes énergie dans un monde d'énergie, alors pourquoi nier que l'activité électromagnétique du Soleil puisse agir en nous tel un catalyseur? Mais il ne faut pas en avoir peur, ce qui se passe actuellement n'est pas une apocalypse à l'image des scénarios catastrophes du cinéma Hollywoodien. Il s'agit plutôt d'une apocalypse "révélation", à l'image de sa dénomination originelle.

Il n'y a pas de paranormal, mais une réalité qui nous est encore invisible, bien que réelle. Depuis l'avènement du microscope nous avons réalisé que nos yeux ne voient pas la réalité dans son ensemble. Seule une petite partie nous est familière. Est-ce pour autant dangereux pour nous de vivre avec l'invisible? C'est ce que nous faisons depuis fort longtemps, cela ne nous a pas détruits. Donc pas de panique, ou de peur face à ce que l'excitation due à l'activité solaire sur nos sens cachés peut nous dévoiler. La peur est un verrou infernal qui nous anesthésie. Sous son emprise nous nous fermons dans un monde de terreur, sans pouvoir être acteur de notre réalité.

En résumé, si notre Soleil se "réveil", c'est peut-être le moment pour l'humanité de sortir de sa torpeur. Et ressentir davantage avec nos antennes qui jusqu'alors étaient anesthésiées, le monde d'énergie dont nous faisons partie !

Retrouvez LE TRESOR DES IMMORTELS, il est pour vous !
http://www.sokrys.com/product.php?id_product=83

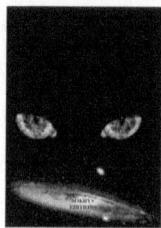

Livre initiatique qui mène sur la voie de l'éveil.

24 avril 2013 3 24 /04 /avril /2013 08:38

Activité solaire : Le Soleil se réveille !

Ce mercredi 24 avril 2013, le Soleil semble se préparer à entrer dans une phase majeure... Mais peut-être s'agira-t-il d'un soubresaut ?

Cependant, les relevés sur la densité magnétique du Soleil sont "dans le rouge", atteignant au maximum 150p/cm, sachant que la densité est considérée comme élevée à partir 40p/cm !

http://www.spaceweatherlive.com/fr

17 mars 2013 7 17 /03 /mars /2013 09:59

Forts vents solaires le 17 mars 2013

Conséquence des émissions de masse coronale du 12 mars:

Ce dimanche 17 mars 2013, les satellites enregistrent plusieurs vents solaires importants. Ils sont le résultat des deux éjections de masses coronales du 12 mars 2013.

http://www.swpc.noaa.gov/SWN/index.html

La vitesse des vents dépasse les 732 km/s. Nous voyons les effets de l'éjection des deux masses coronales précédentes.

Une alerte de type S1, solar radiation storme, est lancée:

Une alerte de type G1, géomagnétique storme, est lancée

16 mars 2013 6 16 /03 /mars /2013 09:51

Activité solaire 2013... En augmentation

"Solar activity is likely to be low with a slight chance for an M-class flare on days one, two, and three (16 Mar, 17 Mar, 18 Mar). "

http://www.swpc.noaa.gov/SWN/index.html

Depuis le 15 mars 2013, le Soleil semble se préparer à une reprise d'activé comparable à celle de fin 2012. Une première éruption de classe M est enregistrée le 5 mars et est suivie d'une deuxième le 15 mars. De nombreuses éruptions de classe C sont enregistrées, mais de moindre amplitudes. Les alertes se succèdent, prouvant le réveil du Soleil. Ces alertes sont pour la plupart sans perturbations pour notre technologie, mais la NASA ne peut nous certifier qu'il en est de même pour la vie.

Les vents solaires prennent de la vitesse: Solar a wwind speed, as measured by the ACE spacecraft, reached a peak speed of 517 km/s at 15/0500Z. Preuve de cette reprise...

La NASA, présente sur son site SOHO, les alertes dont celle de "Mar 16" 0415 UTC WARNING: Geomagnetic K-index of 4 expected . Donc ce jour présente un indice K élevé.

Rien d'anormal avec les deux CME enregistrées le 12 mars 2013.

Extrait : http://www.nasa.gov/mission_pages/sunearth/news/News031313-2cmes.html

Cette masse coronale éjectée arrivera prochainement sur Terre...A quoi devons-nous nous attendre?

Pour le moment sans doute rien de plus que la phase active précédente. Les personnes les plus sensibles ressentiront à nouveau les vibrations électromagnétiques engendrées par les vents solaires et la planète.

Voici une liste d'effets des champs magnétiques sur le corps, extrait du site http://www.inrs.fr/accueil/risques/phenomene-physique/champ-electromagnetique/effets-sante.html

Les champs magnétiques statiques peuvent être à l'origine d'une modification de l'électrocardiogramme (ECG), de malaises (nausées, vertiges, goût métallique, perception de taches lumineuses) en cas d'exposition à un champ magnétique statique de très grande intensité (supérieur à 2 t).

<u>Effets visuels</u>

Des personnes soumises à un champ magnétique ressentent des troubles visuels, perception de taches lumineuses appelées magnétophosphènes.

<u>Effet auditif aux très hautes fréquences</u>

Sensation est décrite comme un « clic ».

<u>Hypersensibilité électromagnétique et symptômes non spécifiques</u>

Certaines personnes se plaignent de symptômes tels qu'asthénie physique ou musculaire, douleurs musculaires, fatigue, pertes de mémoire ou apathie contrastant avec une irritabilité anormale, troubles du sommeil, maux de tête, vertiges, malaise...

Permettez-moi de vous donner mon avis, cela est évidement intuitif et non scientifique contrairement aux informations précédentes.

Tous les symptômes décrits précédemment ressemblent à des pathologies. Mais en réalité, ces phénomènes ne rendent pas malade, mais nous ouvrent les yeux sur les autres dimensions. Comment puis-je en être convaincue? Pour le ressentir dans mon corps, j'affirme bien que cela ne soit pas scientifique contrairement à mes démonstrations précédentes, que des mutations affectant l'ADN permettent de percevoir les autres dimensions. En fait nous développons une claire audience, claire voyance, claire sensibilité. Les phénomènes auditifs ou visuels sont liés à des moments de grande lucidité, d'inspiration. Donc tous notre cerveau peut-être remanié afin de recevoir des informations nouvelles. Cela n'est pas de la science fiction ni des élucubrations d'"illuminé". Bientôt la science sera capable de le mesurer, alors nous rentrerons dans une nouvelle ère. Évidemment nous ne sommes pas identiques dans notre capacité à recevoir ces informations, cela dépend de nos "antennes" biochimiques. Maintenant quelque soit votre potentiel, vous pouvez suivre l'évolution en cours. Pour cela connectez-vous à la Terre... Regardez les statues égyptiennes : mettez vous en position de réception, pieds au sol, mains sur les genoux, enracinez vous virtuellement à la Terre et ressentez...

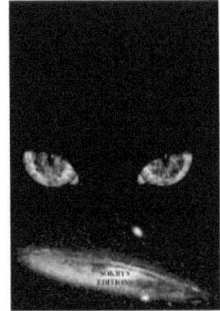

21 juin 2013 5 21 /06 /juin /2013 18:24

Modification des paramètres 23 juin 2013

La Terre devrait potentiellement recevoir un fort rayonnement électromagnétique du Soleil ces prochains jours (au vu de l'augmentation rapide du nombre de taches solaires).

Le 21 juin une éruption de type M2 s'est produite, mais elle ne sera sans doute pas la dernière de ce mois. Il est fort à parier que les suivantes seront importantes également, si l'on se fie aux prédictions de la NASA.

De plus le dimanche 23 juin correspond à une phase de pleine lune, où cette dernière est au plus proche de la Terre. A n'en pas douter les forces d'attractions lunaires auront un impact sur la vie et la planète.

Sans doute rien de spectaculaire, mais tout comme le reste des événements depuis fin 2012 (phase d'activité solaire intense), cela se produira sans grands bruits.
Cependant les personnes sensitives percevront les modifications. Quelles seront les modifications possibles?

Je parierai sur une augmentation de notre flux d'énergie, qui pourrait se manifester par une sensation d'agitation nerveuse, comparable à un débordement d'énergie. Le système nerveux pourrait être plus stimulé, laissant remonter le flux du Kundalini, ce fluide nourricier capable de nous ouvrir davantage l'horizon de notre compréhension du monde et de notre dimension.

18 juin 2013 2 18 /06 /juin /2013 18:25
Activité solaire et crop circle juin 2013

Le constat est évident, notre astre, le Soleil, est en pleine phase d'activité.

Les médias commencent juste à s'y intéresser, il est vrai que la NASA ne fait pas grand bruit sur ce sujet et sur un autre d'ailleurs qu'il serait bon de signaler: Le robot curiosity ne fait plus parler de lui... étrange

Ne rapporte-t-il plus d'informations? Ou bien y a-t-il certains éléments découverts qui ne sont pas présentables? Nous pouvons nous poser la question, quitte à paraître paranoïaque sur les bords...

Pour en revenir au Soleil, le mois de mai fut fort en "émotions". L'activité électromagnétique ayant été importante, les plus réceptifs d'entre vous ont largement vibré. Le mois de juin étrangement est chargé en électricité électromagnétique d'après les sensitifs, mais le Soleil n'a pas encore manifesté de fortes éruptions. A quoi devons-nous nous attendre.

C'est ce que posent comme question certains médias:
D'après le site de France bleu http://www.francebleu.fr/infos/soleil/l-activite-solaire-pourrait-perturber-les-telecommunications-655648?comment_type=plus :
"Éruptions solaires, vents solaires, trous coronaux… Un phénomène qui peut affecter les appareils électroniques et les satellites. "

Si vous êtes sensibles aux glyphes dans les champs de céréales, vous avez sans doute remarqué le manque de fréquence des crops circles cette année.
Et la simplicité des premiers repérés. Y aurait-il incompatibilité entre le phénomène responsable des formations (pour celles qui sont non humaines) et l'augmentation des éruptions solaires ? (trop d'électromagnétisme dans l'air ?) Si nous étudions ce crop circle, ci-dessous, nous pouvons envisager une hypothèse sur sa signification.
http://www.cropcircleconnector.com/2013/Emilia/Emilia2013a.html

Et cela grâce aux modèles que nous avons sur le fonctionnement de l'héliosphère, issu du fonctionnement de notre soleil.http://web.mit.edu/newsoffice/2008/voyager-0707.html

Regardez et comparez, que remarquez-vous?
Le rayonnement solaire (le cercle), la Terre (première planète à 1 unité astronomique du Soleil), Mars, Jupiter (planète gazeuse géante), Saturne (gazeuse), Uranus, Neptune et Pluton ?

Il y a une autre planète, qui d'ailleurs a été identifiée depuis peu et faisant sortir Pluton du classement des planètes de notre système solaire.
Neptune est donc la dernière planète de notre système solaire et c'est la dernière à faire partie du bouclier appelé Héliosphère.
Ce crop circle est potentiellement un message nous avertissant de l'activité solaire.

2 juin 2013 7 02 /06 /juin /2013 16:50

Soleil actif en juin 2013

Bien que notre Soleil semble présenter une activité modérée voir faible, l'importance des vents solaires ces deux derniers jours laisse présager des conséquences sur la matière.

Que cette matière soit dans l'univers sous forme de molécules dans les météorites ou matérialisée en matière complexe sur les planètes, nous sommes "soufflés" par la force de ces vents solaires.

Alors pensez-vous encore que l'activité solaire n'est qu'une phase comme une autre dans notre système solaire?
Le magnétisme planétaire et cellulaire ne peut qu'interagir avec ces vents solaires. Nous ne sommes pas des puces électroniques qui "disjoncteraient" en cas de surtension. Notre ADN est ultrasensible à des modifications environnementales, alors pourquoi renier l'action des vents solaires?
Faut-il en avoir peur ?

Je me permets de vous répondre mon intuition et mes perceptions fines me dictent qu'il s'agit d'une évolution. Si vous voulez en avoir le cœur net, faites l'expérience de la méditation, alors il est fort à parier que vous ressentirez votre corps vibrer.
Et nous allons probablement encore plus vibrer sur la vague énergétique du magnétisme solaire...

15 mai 2013 3 15 /05 /mai /2013 17:40
Activité solaire et mutation de l'ADN

Premier constat: - Le Soleil est dans une phase d'activité intense, pour preuve les 3 éruptions de classe X survenues le 13 et 14 mai 2013.

Deuxième constat: - Absence de formation de crop circle. Les années précédentes, elles apparaissent dès le mois d'Avril (électromagnétisme terrestre trop important?)

Troisième constat: - Augmentation des échouages de cétacés depuis 2011. (dérèglement du pôle magnétique terrestre)

Quatrième constat: - Augmentation de l'activité tectonique de la planète.
Quelles sont les conséquences sur la vie ?

Nous sommes constitués de milliards de cellules, chacune dotée de la molécule d'ADN.
Cette double spirale présente des liaisons stables qui peuvent se modifier suivant les besoins de la cellule. Les radiations solaires et cosmiques qui nous parviennent ont un effet sur cette macromolécule.

Comment en être certain?
Peu de scientifiques s'avancent sur ce sujet, les études faites notamment sur les ondes électromagnétiques de nos propres appareils sont très vites occultées, pour le bien être de l'économie mondiale. Alors mettre au grand jour, le fait que nous sommes dans une phase cruciale pour l'humanité, serait réduire la consommation effrénée de la population. La conscience serait plus portée sur le sens même de la vie et sans

doute sur le besoin de créer un nouveau monde, sans le principe sournois de " l'addicte consommation".

Notre ADN évolue, s'adapte à son environnement et parfois se transforme sans raison externe (voir Anne Dambicourt Malasse).
Alors nier que le Soleil puisse modifier notre programme génétique est comparable à l'équilibriste qui se risque sur le fil de la vie, les yeux bandés et les oreilles bouchées.

Comment peut se manifester le changement au niveau du corps ?
Parmi nous se trouvent des êtres hypersensibles à l'électromagnétisme. Ils sont comparables à des antennes dirigées vers l'infiniment grand et l'infiniment petit.

Qu'ont-ils ressenti suite aux éruptions de classe X ?
- De grandes vibrations parcourant le corps.
- La sensation de vertiges, l'équilibre interne semble perturbé.
- Difficultés à trouver le sommeil ou sommeil peu réparateur.
- Fatigue inexpliquée.
- Palpitation cardiaque spontanée en activité ou au repos.
- Souffle coupé.
-...
Remarque à l'intention des personnes en bonne santé "physique" et "mentale":
Vous pouvez être concerné, sachez que vous n'êtes pas malade et que votre vie ne doit pas être en danger. Sans doute sommes-nous dans un processus évolutif...
Cela doit avoir une consonance new age, pourtant beaucoup de fait tendent à prouver qu'il ne s'agit pas d'élucubrations ... restez à l'écoute de votre corps.

19 août 2013

Le Soleil est à nouveau dans une période active, avec deux éruptions de classe M le 17 août 2013, des tempêtes géomagnétiques (indice Kp 6). Voir le site http://www.spaceweatherlive.com/fr

Jusque là, rien d'exceptionnel, nous le savons tous. Cependant, il y a d'autres forces en jeu cette période. D'autres ondes électromagnétiques bombardent le système solaire. Cela peut se manifester dans la matière et devenir audible. Le son de la terre, détecté par les géophysiciens de Stuttgart se situe entre 2 et 10 mhz, voir sur le site http://www.rfi.fr/sciencefr/articles/099/article_63826.asp , normalement inaudible par l'oreille humaine, il devient réel pour toute personne qui est réceptrice des ondes électromagnétiques. Il s'agit d'un son profond, grave, vibrant. Les scientifiques ont prouvé qu'il est lié à l'activité de la planète, celle-ci réagit à son environnement interne (le noyau) et externe (activité solaire...).

D'autres phénomènes deviennent visibles, mais il faut avoir développé le fonctionnement de sa glande pinéale (3ème oeil), dans Le Trésor des Immortels éditions Sokrys, sont détaillés la constitution et le fonctionnement de cette glande. Les énergies que nous nommons subtiles sont en réalité non perceptibles pour le moment par de nombreuses personnes qui n'ont pas encore fait connaissance avec leur propre glande pinéale.

Des perturbations physiques peuvent apparaître chez les personnes aux antennes les plus affûtées, par antenne, je parle à la fois du récepteur pinéale, et du récepteur universel, l'ADN.

De puissantes vibrations peuvent être ressenties, elles sont en adéquation avec l'activité solaire. Il n'y a pas de décalage entre le moment de l'éruption ou de la tempête géomagnétique et la perception d'une modification électromagnétique.

Permettez-moi de vous apporter quelques conseils. Ils ne sont valables que si vous êtes en bonne santé, car les êtres "hypersensibles" dont je vais vous parler sont en excellente santé. Alors, si vous souffrez dans votre corps, cherchez impérativement conseils auprès de votre médecin généraliste, homéopathe, voir votre ostéopathe. Mais si vous êtes en bonne santé et que vous faites partie de ces "hypersensibles" (ceux qui ont des antennes très déployées) alors, ne paniquez pas face aux fortes vibrations de ce mois d'août: laissez aller ou plutôt laissez-vous porter par la vague d'énergie.

Votre système nerveux cherchera à s'équilibrer sur ce nouveau mode. Vous aurez besoin de magnésium et de repos.
Tendez votre antenne vers votre être interne, laissez le s'exprimer, ce sera juste. Une ouverture de conscience devrait être encore plus manifeste et permettre de développer la créativité, que ce soit dans le domaine artistique que technologique.

Souhaitons que ce soit la période qui permettra de voir apparaître une énergie libre gratuite, permettant de rééquilibrer le niveau de vie planétaire. L'argent est un système dépassé qui nous a a servi et rendu cupide, égoïste. Nous avons fait le ménage autour de notre petit nombril sans compassion pour nos frères dans la détresse. A nous de permettre que l'énergie et la nourriture deviennent accessibles à tout le monde.

Utopie ? Non, si nous raisonnons différemment...
Il faut revoir notre alimentation, avons-nous besoin de viande ? Pensez à ces animaux qui sont privés de leur liberté, en étant parqués afin de nous nourrir.

Avons-nous besoin de consommer des végétaux exotiques ? Cela entraîne la contrebande et la surexploitation de ressource fragiles.

Avons-nous besoin de cultiver à grande échelle? Une surproduction avec des pertes catastrophiques... Une surexploitation du sol qui se meurt.

Avons-nous besoin de pesticides et d'insecticides? Aux effets meurtriers à court et long terme.... Des méthodes naturelles existes, elles sont efficaces sur de petites parcelles.

Tout notre mode de vie est à revoir, si votre corps vibre avec ces hautes ondes électromagnétiques cela devient quelque chose de vital pour vous... L'harmonie tente de reprendre le dessus, grâce à vous, si vous acceptez d'en devenir l'acteur. Sans cette harmonie, la Terre ne pourra maintenir ce fonctionnement plus longtemps, nous basculons vers trop d'énergie "négative". A nous de nous inspirer des peuples qui ont su garder en mémoire le contacte rapproché avec la planète.

26 octobre 2013

Activité solaire importante 2013

En cette fin du mois d'octobre 2013, nous pouvons constater l'importance de l'activité solaire. Beaucoup plus soutenue qu' 2012, elle présente la caractéristique du "non stop"...
C'est à dire, dans la même journée peuvent se produire trois, quatre ou cinq éruptions de classe M, avec une ou deux de classe X.
Une activité certes importante, mais qui surprend les scientifiques.

Analysons les faits:

- Depuis 3 cycles, l'activité solaire décroît. (d'après l'observatoire de Paris http://solaire.obspm.fr/pages/surveil_erupt/surveill_erupt3.html)

- L'inversion du champ magnétique solaire est en court depuis 2012. (voir la source précédente)

- L'augmentation du flux cosmique précède toujours les reprises d'activité solaire.

- Le rayon solaire augmente depuis 3 cycles.

Que nous réserve le soleil, si son activité cyclique décroît ? Objectivement cela influence forcément notre système solaire. Puisque tout est relié:

Il est évident que l'activité cyclique de notre Soleil dépend d'un cycle cosmique, qui lui même peut dépendre d'un cycle plus vaste. En somme tout est relié.

Et le champ magnétique de notre planète est-il également sur le point de s'inverser?

- Les inversions du champ magnétique de notre planète sont toujours précédées d'un affaiblissement de ce dernier, rendant notre planète plus sensible au bombardement du rayonnement cosmique. Depuis quelques centaines d'année, ce champ s'est affaibli de 10 %, d'après le cnrs http://www2.cnrs.fr/journal/3747.htm .

Notre planète est-elle sur le point de connaître le même sort ?
La réponse n'est pas évidente...
Mais ce qui est certain, c'est que durant ce 23ème cycle solaire, notre planète présente un bouclier magnétique affaibli.

Que peut-il se produire ?
Si les rayons cosmiques (gamma, X..) pénètrent le bouclier magnétique terrestre, nous sommes en droit de nous demander ce que va devenir la vie sur la planète Terre. Sans être alarmiste, mais réaliste, nous devons comprendre qu'une véritable mutation de la vie est peut-être en marche...

Évolution du flux cosmique (en bleu) et des taches solaires (en noir): (extrait sur site de l'observatoire de Paris)

Cycles solaires et inversion s de pôles (extrait du site de l'observatoire de Paris)

13 octobre 2013

Forte activité solaire en octobre 2013

Le Soleil se remet en "mode" activité intense depuis une semaine.
Avec trois éruptions solaires de classe M: Le 9, le 11 et le 13 octobre 2013
Et alors me direz-vous?

Et bien le rapprochement des éruptions dans le temps laisse présager une reprise d'activité comme en hivers 2012.
Les conséquences?

- Perturbations des champs électromagnétiques terrestres; les machines ne seront pas les seules à être touchées, le règne du vivant le sera également, pas d'apocalypse, mais des modifications internes.

Je vous rappelle que nous fonctionnons au niveau cellulaire et au niveau nerveux grâce à de l'électricité. Toute modification électromagnétique touchera notre propre système interne.
La NASA jusqu'au mois de septembre 2012 affirmait qu'il n'y avait aucun risque au niveau de l'être humain.

Cependant juste avant leur chômage technique, il ont mis en ligne un article qui démontrait le fait que les particules solaires peuvent nous parvenir malgré notre bouclier," la ceinture de Van Hallen".

Les particules contournent notre ceinture protectrice pouvant ainsi nous atteindre.
Au final, nous sommes en cours de transformation, ou de mutation.

La planète connaît ce fonctionnement depuis fort longtemps, la vie sur Terre n'a eu de cesse de passer par ces phases de bonds évolutifs majeurs. La cause ? je vous propose l'hypothèse de notre activité solaire.

Un lien étroit a déjà été démontré par le passé en ce qui concerne les changements climatiques et géologiques.
A quoi pouvons-nous nous attendre?

Permettez-moi de vous proposer une hypothèse:
- Les vibrations qui affectent notre système nerveux vont entraîner une modification de ce dernier, qui sera plus réactif et performant:

Rapidité de la réflexion, idées flashs, inspirations, la vision se développe (le bâtonnets perçoivent la présence de nuages énergétiques, de l'aura), l'auditions et l'odorat se développent également.

Vous l'aurez compris, ce sont tous les organes en lien avec notre système nerveux qui sont touchés par cette évolution.
Mais encore faut-il être capable de recevoir ces vibrations sans "disjoncter"...
Si j'avais un conseil à vous donner, ce serait de vous mettre à l'écart des autres pour apaiser ce système nerveux à vif, et cela facilitera la transformation.

Sitôt cette phase passée, vous devriez ressentir un apaisement intense, malgré les tracas de la vie qui persistent. Une paix intense et un bonheur parfait vous enchantera, ce bonheur sera celui de connaître la vie sur cette magnifique planète, la Terre.

27 novembre 2012 2 27 /11 /novembre /2012 19:11

Eruption solaire de classe M, le 27 / 11 /12

Confirmation de la reprise de l'activité solaire cette semaine, avec cet après-midi une éruption de classe M1.
Le 23 et le 26 novembre deux CME (coronal mass ejection) avaient déjà été enregistrées...
http://www.nasa.gov/multimedia/imagegallery/image_feature_1786.htmlré

D'après la courbe de prévision de l'évolution de l'activité solaire, cela devrait encore s'intensifier.
Pour le moment, nous n'enregistrons pas de grandes perturbations électromagnétiques. Et malgré les sensations de vibrations et les autres symptômes qui leurs sont associés, le phénomène est supportable...Peut-être servira-t-il, comme je le pressens, à notre évolution...

24 novembre 2012 6 24 /11 /novembre /2012 17:33

Activité solaire 24 novembre 2012

Le soleil est entré dans une phase d'activité plus soutenue et régulière ces derniers jours.

D'après le site http://www.spaceweatherlive.com/fr/rapports/rapport-dactivites
"Geomagnetic field activity is expected to begin at active levels and reach major storm levels early on day one (24 Nov) with the effects from the 20 Nov CME coupled with the anticipated arrival of the 21 Nov CME."
L'activité géomagnétique est à un niveau actif !

Extrait de http://www.swpc.noaa.gov/SWN/index.html

D'après cet enregistrement, l'activité géomagnétique est importante...

Est-ce à nouveau les symptômes d'une activité solaire accrue à venir ?

http://www.sokrys.com/product.php?id_product=83

Chapitre III

Ce qui est caché au plus grand nombre

5 novembre 2012 1 05 /11 /novembre /2012 11:00

Crop circle... la révélation (suite)

Pourquoi ces figures géométriques, parfaites pour la plupart ? Pour le plaisir des yeux ? Peut-être... Et s'il s'agissait d'un message ? Oui, mais de qui ? Et pourquoi pas des êtres bien terrestres en possession d'informations capitales, mais impossibles à exprimer sans se faire exclure de la société ?

Ou encore la théorie des OVNI ? Qui sait vraiment ... Il n'en déplaise aux plus cartésiens, nous sommes en présence de dessins à décrypter. Je vous ai précédemment expliqué mon point de vue sur un crop circle récent, aujourd'hui il me semble utile de revenir sur certains crop circle plus anciens... Pourquoi ? L'intuition ! Vous n'y croyez pas ? Dommage... écoutez davantage cette petite voix intérieure.

Une ouverture ? Le chakra coronale serait-il en cours d'ouverture ? Que cela peut-il signifier ? Que nous sommes de plus en plus en phase d'éveil et près à recevoir des informations d'autres dimensions? Je fais référence aux dimensions kabbalistiques ou celles de la physique quantique qui en dénombre 11...
Voir les photos du site http://www.silentcircle.co.uk/cropcircles2012.html
 * 23 juillet 2012 Hampshire
 *1er août 2012 Avebury

Ne reconnaissez-vous pas un compte à rebours?
 * 2 juin 2012 Manton, Wilshire

Compte à rebours ? Et pourquoi pas, mais que mesure-t-il ? Des années, des mois, des milliers d'années ? Et sur quoi nous avertirait-il ? Un changement, mais lequel ? Que nous donnent potentiellement comme informations les autres crops circles ?

Photos extraites du site de Lucy Pringle
 http://www.lucypringle.co.uk/photos/2012/apr.shtml
* Avebury juillet 2011
Vents solaires et vibrations associées ? Le Soleil vient de connaître une phase d'activité intense et l'accalmie n'est que temporaire, puisque tout est cyclique dans cet Univers...
* Ashbury juillet 2007
 Les vibrations génèrent la métamorphose de la chrysalide ?

N'es-ce pas ce que ressentent ceux d'entre vous qui s'éveillent aux dimensions ?
* août 2003 Wiltshire
L'envol de la conscience christique, la colombe ? Sommes-nous dans une période du réveil de la conscience?
Bonne méditation
Amitié

20 octobre 2012 6 20 /10 /octobre /2012 16:39

Octobre 2012 crop circle... la révélation

Image extraite de http://www.cropcircleconnector.com/interface2005.htm

Ce crop circle est apparu le 14 octobre 2012 à Windmill Hill, près d'Avebury dans le Wiltshire.
Nombreuses sont les personnes, qui écartent l'idée que ces signes sont révélateurs d'un "accompagnement" ou "guidage" de l'humanité.

Je n'utilise pas le terme OVNI, car malgré les preuves inexplicables des transformations des nœuds de céréales suite à ces formations, notre esprit cartésien se refuse à cette possibilité.

Mais peut-être pourra-t-il envisager que les auteurs de ces superbes figures sont "inspirés".
Leur "source" d'inspiration n'est pas mon propos ici. Cependant, je tiens à apporter ma contribution pour leur possible interprétation.
Car, je vous l'ai déjà présenté dans un précédent article, le Soleil provoque en nous de grands bouleversements.

Il se trouve que pour les ressentir vivement, je crois percevoir dans cette nouvelle formation, une explication aux vibrations puissantes qui nous inondent.
Il me semble que cette figure représente les 7 chakras principaux. Remarquez comme les numéros 5, 4 et 3 sont de grande taille en comparaison avec les autres?
Les vibrations les plus fortes semblent se localiser dans la partie thoracique et abdominale de notre corps, ici même sont localisés ces trois chakras.

Donc, la figure peut nous avertir de la transformation des chakras 5, 4 et 3 en ce mois d'octobre.
Pourquoi ces chakras, précisément ?
C'est la zone du cœur, de l'intuition et du pouvoir du verbe...
Nous évoluons bien vers l'acquisition de nouvelles capacités, si nous parvenons à ne pas être écrasés par notre ego...

De plus, des liens sont mis en évidence:

- Le cœur communique avec nos facultés de clairvoyance, clair audience...Ainsi qu'avec notre 2ème chakra, ce qui signifie qu'un lien entre le 6ème, le cœur et ce dernier permettra de nous éveiller à notre conscience supérieure.

– Le 5ème relié au 7ème doit nous permettre de développer davantage notre claire audience. Les vibrations de la source seront traduites par ce chakra. C'est la reconnexion complète avec la "source"...

– Le 3ème chakra relié au 1er, est le signe de l'acquisition d'une grande puissance, car si notre centre d'énergie se connecte fortement avec la Terre, nous récupérons l'énergie potentielle divine que nous avions à la naissance.

Bonne méditation à vous
Amitiés...

19 octobre 2012 5 19 /10 /octobre /2012 17:53

NASA... la révélation ?

NASA http://www.nasa.gov/mission_pages/msl/multimedia/pia16230.html

Petit débris sur le sol martien.... observé après que le robot, curiosité, ait effectué trois trous dans le sol...

La NASA pense que les débris observés ont une origine martienne, ils ne sont pas le résultat de l'atterrissage de curiosity qui peut engendrer des débris.

La NASA serait-elle sur le point de nous révéler quelque chose d'inimaginable jusqu'alors ??????????????????????

A suivre......

2 décembre 2012 7 02 /12 /décembre /2012 12:33

Censure des scientifiques en 2012?

http://mcetv.fr/mon-mag/0305-la-particule-de-dieu-pour-les-nuls-le-big-bang-le-lhc-et-le-boson-de-higgs

Le constat est frappant, nos scientifiques sont bâillonnés ou s'autocensurent...
1er cas: L'expérience du Boson de Higgs.

Rappelez-vous, ces scientifiques persuadés et enthousiasmés d'avoir découvert la particule de Dieu. Et sitôt dévoilé, sitôt enfoui sous une "soit disant", erreur de machine. Comment peut-on laisser croire que des scientifiques, dont le métier est de tester et "re-tester", sans laisser la moindre chance au hasard, soient capables de divulguer à la hâte, une information aussi importante. Comment pourraient-ils prendre le risque de ternir leur réputation, qui leur assure de trouver des fonds pour leurs expériences...

Et finalement en juillet 2012, la communauté scientifique se trouve dans l'obligation d'accepter la réalité, celle de l'existence de la particule de Dieu.
Alors nous sommes en droit de nous poser la question suivante: combien y-a-t-il d'autres découvertes non divulguées?

D'après le site de France info: http://www.franceinfo.fr/sciences-sante/le-boson-de-higgs-presque-debusque-665063-2012-07-04
Le boson de Higgs (presque) débusqué

Le Mercredi 4 Juillet 2012 à 10:19 mis à jour à 11:02

Les expériences en cours au CERN ont découvert une particule "compatible" avec les caractéristiques du fameux boson de Higgs, véritable "Graal" de la recherche en physique des particules depuis 50 ans.

2ème cas: Révélation sur les OGM.
Plusieurs scientifiques dénoncent le scandale "prévisible" des OGM. Les résultats des tests en laboratoire démontrent les risques encourus. Cependant cette étude ne fait pas l'unanimité. Une fois de plus, nos scientifiques marchent sur des œufs.

D'après le site France info:
http://www.franceinfo.fr/societe/la-revue-de-presse/oui-les-ogm-sont-des-poisons-l-etude-qui-change-tout-742853-2012-09-19
"Oui, les OGM sont des poisons !" : l'étude qui change tout ; mercredi 19 septembre 2012.

" Pendant deux ans, deux cents rats ont été nourris au maïs transgénique et suivis jour après jour en laboratoire : une expérience menée dans le plus grand secret
Où se trouve la vérité ?

3ème cas: L'"éventuelle"découverte du robot curiosity sur Mars
D'après le site libération: http://www.liberation.fr/sciences/2012/11/30/la-nasa-tempere-les-speculations-de-decouverte-historique-sur-mars_864145

La NASA tempère les spéculations de découverte «historique» sur Mars

30 novembre 2012 à 08:33

"La NASA a démenti jeudi que le robot américain Curiosity ait fait une découverte majeure sur Mars, en réponse à de récents propos d'un scientifique de la mission dans une interview qui avait évoqué une annonce propre à «entrer dans les livres d'histoire»."

«Les rumeurs et spéculations selon lesquelles une découverte majeure aurait été faite dans le cadre de la mission Curiosity, qui est à ses débuts, sont erronées», déclare l'agence spatiale américaine dans un communiqué. «A ce stade de la mission, les instruments du robot n'ont détecté aucune indication définitive de matière organique martienne», ajoute la NASA.

La NASA prétexte trop rapidement, que la divulgation est le fait d'un scientifique trop "enthousiasme" pour chacune de ses découvertes. Comment un organisme tel que la NASA peut se permettre d'employer du personnel de ce genre ?
A force de vouloir censurer, pour le "soit disant" bien être de la population, la NASA risque de perdre de sa crédibilité.

Y-a-t-il quelque chose de sensationnel aux yeux de ce chercheur ? Nous serons semble-t-il informés ce lundi 3 décembre, par un communiqué de presse de l'agence spatiale.

De quel droit des autorités se sentent-elle responsable de notre "sauvegarde" intellectuelle au point de tempérer des découvertes majeures comme celle du Boson de Higgs ?

Avez-vous remarqué comme cette découverte extraordinaire à finalement fait un "flop". Quels sont les philosophes ou théologiens qui ont rebondi sur cette information ?

Et pourtant il y aurait de quoi faire des émissions des plus pointues ou adaptées à un large public..

Que dirait Platon ?
Et Einstein?

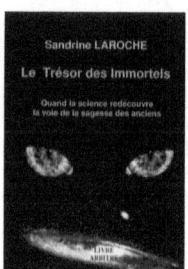

Pour les chercheurs de "lumière"...

14 mars 2013 4 14 /03 /mars /2013 15:29

La NASA prépare l'humanité au contact

Parce qu'il est temps la NASA, nous apporte les preuves de l'existence de vie dans l'Univers.

Aujourd'hui, elle avance les preuves que la vie ait pu exister sur Mars. Mais cela n'a rien de sensationnel puisque cela fait plus de sept mois qu'elle nous montre d'étranges découvertes", toutes très vites noyées par d'autres moins sensationnelles.
Extrait du site de la NASA :" NASA Rover Finds Conditions Once Suited for Ancient Life on Mars"

http://www.nasa.gov/mission_pages/msl/news/msl20130312.html
Il est temps d'ouvrir l'esprit cartésien humain à d'autres possibilités de vie...
Non pour le côté sensationnel, mais parce que c'est en acceptant de regarder notre monde avec des yeux neufs que nous saurons nous découvrir.

Nous avons quelque chose de peu ordinaire, mais nous l'avons "oublié". Or, notre mémoire peut se réactiver avec ce qui nous attend immanquablement.

Si vous êtes adepte du concept que la vie existe partout dans l'Univers, et donc vous croyez en la présence des OVNI, il y a de très fortes probabilités que ces années à venir vous passionnent, elles seront l'occasion de dévoiler de grands secrets sur l'histoire de l'humanité et de l'intervention des extraterrestres.

Dans mes deux essais, Voyage initiatique au cœur de nos origines et le Trésor des immortels, j'avance de solides preuves de nos contacts rapprochés avec d'autres êtres. Pourquoi me direz-vous? Nous sommes intimement liés à ce passé non reconnu. Il peut nous vers notre véritable nature, très spirituelle. Beaucoup ne conçoivent pas le spirituel avec les "extraterrestres". Cependant je vous conseille la lecture des textes indiens ou sanskrits pour comprendre mon point de vue... Les preuves sont là, sous nos yeux !

Ceux qui poursuivent le rejet de l'existence des extraterrestres passeront à côté d'un bond évolutif majeur, car quelle découverte ou redécouverte ! Ils passeront à côté du bonheur de comprendre ce que nous sommes etc. envers quoi nous tendons...

Savoir que nous ne sommes pas seuls, peut nous aider à développer notre potentiel, car c'est s'ouvrir à d'autres mondes ou à d'autres dimensions, comme celles décrites par la physique quantique.

Voici des vidéos très intéressantes:
http://www.youtube.com/watch?v=cKVOBsu8C8I
Historiens et archéologues divisés sur You tube
http://www.youtube.com/watch?v=L71un_7msNQtiny_mce_marker

12 avril 2013 5 12 /04 /avril /2013 19:12
Révélation sur les E.T 2013

Le docteur Steven Greer, spécialiste en médecine et astrophysique, investi dans le projet SETI (recherche de vie extraterrestre), se prépare à dévoiler au monde le 22 avril REVELATION SUR LA PRESENCE EXTRATERRESTRES....

Nous sommes donc dans une période transitoire où les révélations vont être nécessaires. Trop de preuves dans le ciel, trop de contacts...

Nos ancêtres vénéraient SIRIUS, reste à savoir si nos visiteurs sont de cette constellation...

Il se peut qu'il y ait un lien entre les contacts (crops circles, OVNI...) et l'activité solaire.

Maintenant reste à savoir si cela s'avère exacte, si la cause est liée à une évolution spirituelle et physique comme je le présents.

Ou bien si notre position actuelle dans l'Univers fait que nous émettons plus fort et plus loin, indiquant davantage notre présence aux autres êtres vivants dans l'Univers...

Dernière éruption Le 11 avril 2013 avec une classe M6 ! Ce qui montre un haut niveau d'activité solaire...

26 janvier 2013 6 26 /01 /janvier /2013 12:12

L'origine de la vie ... Quand la science découvre l'impensable

Le 16 janvier 2013, les chercheurs de IPAG et IRAP ont annoncé dans la revue internationale Astrophysical Journal Letter, avoir découvert une molécule essentielle à la vie, donc une brique fondamentale de la vie dans le gaz qui entoure IRAS 16293-2422. Cette étoile est en formation dans la nébuleuse de Rho Ophiuci.

http://www.insu.cnrs.fr/node/4147
Le nuage Rho Ophuici, à quelques 400 années lumière du système solaire, est une vraie pépinière d'étoiles. Crédits : NASA, JPL-Caltech, WISE Team

D'après eux: - " la molécule de formamide, NH_2CHO, soit le point de départ commun de la synthèse pré biotique de molécules tant métaboliques que génétiques "

- " Jusqu'ici, la formamide n'avait été détectée que dans deux objets extérieurs au système solaire, les nuages d'Orion et de Sagittarius B2."

Or, on attribuait la formation de cette molécule à la présence de rayonnements électromagnétiques X, qui ne sont pas présents dans ce nuage interstellaire. Donc, le scénario de la semence des planètes par cette molécule est à revoir. De plus la présence d'eau au niveau de cette nébuleuse pousse les scientifiques à envisager que la formation de ce système solaire se rapproche de ce que le nôtre a connu.

En conclusion, la création de la vie par les molécules interstellaires est un scénario indéniable, mais nous ne maîtrisons pas la connaissance quant au mécanisme interne. Nous comparons avec notre système, ce qui pose certaines limites. La vie semble suivre un programme d'installation en s'adaptant à l'environnement électromagnétique. L'absence de rayonnement X dans la nébuleuse de Rho Ophiuci nous prouve une fois de plus que la vie est capable d'apparaître là où ne l'attend pas.

La force de création semble plus forte que tout. On peut se poser la question à savoir qu'elle est cette force, impossible de parler de hasard, puisqu'il y a un mécanisme qui se répète malgré tout. Il faut un certain type de molécules d'après ce que nous connaissons sur Terre. Mais n'oublions pas que nous sommes loin de tout connaître au niveau de la vie et de l'Univers. Encore récemment, les scientifiques du CNRS ont annoncé avoir découvert que le rayonnement des pulsars présente un comportement organisé:

"Les scientifiques ont étudié un pulsar particulier nommé PSR B0943+10, un des premiers pulsars découverts. Les pulses de PSR B0943+10 changent de forme et d'intensité toutes les quelques heures, et ces changements se produisent en l'espace d'environ une seconde ..."

"Les résultats ont été totalement inattendus. Les émissions de rayons X changent de manière synchrone avec les émissions radio, comme on aurait pu s'y attendre, mais, lorsque le signal radio est fort et organisé, le signal rayon X est faible. Et quand l'émission radio devient faible, le signal X s'intensifie. Le plus frappant est que cette transformation a lieu en quelques secondes, après quoi le pulsar reste stable dans son nouvel état pendant plusieurs heures. Le pourquoi de tels changements, aussi importants qu'imprévisibles, n'est pas expliqué par les théories actuelles. Cela suggérerait fortement un changement rapide de la totalité de la magnétosphère "

CNRS http://www.insu.cnrs.fr/node/4146
En somme, les mécanismes de l'Univers que nous imaginons avec nos connaissances actuelles, ne sont pas anarchiques, même les rayonnements semblent suivre un programme.

Certes mon interprétation s'éloigne des carquants scientifiques, comme vous le savez, bon nombres de scientifiques, comme Monsieur Coppens pensent que la science est "froide". C'est à dire qu"elle ne peut ajouter des sentiments voir des intuitions à l'analyse.

Cependant d'autres scientifiques reconnaissent que la science n'est rien sans l'imagination et sans l'ouverture d'esprit. Prenons pour exemple le scientifique et prix Nobel Luc Montagnier

Extrait du site http://sciences.blog.lemonde.fr/2010/12/07/le-professeur-montagnier-et-la-memoire-de-leau/
Le professeur Montagnier témoigne de la non acceptation dans le monde scientifique des "penseurs hors normes"...

"Pour moi Jacques Benveniste est un grand chercheur, comme vous avez dit, et c'est vraiment scandaleux la façon dont il a été traité..... .Les biologistes actuels, biologistes moléculaires, imaginent les contacts entre les molécules par des contacts physiques n'est-ce pas alors que les molécules, c'est ce que disait Benveniste, peuvent correspondre également à distance. Donc c'est une révolution mentale et ça prend du temps."

Il est temps que la science s'intéresse aux liens étroits entre la physique quantique et la biologie. L'origine de la vie doit pouvoir trouver ses racines dans cette physique.

Il n'y a qu'un petit pas à faire pour entrevoir l'existence de forces directives intelligentes capables d'agir sur la matière. Mais la science à peur de sombrer dans la spiritualité au point de perdre sa réputation. Refuser de tester les autres possibilités et d'ouvrir son esprit à un potentiel exponentiel d'existence de la vie, ne peut à mon humble avis permettre à l'humanité de faire le bond évolutif qui lui est nécessaire pour se maintenir sur cette planète... Mais nous sommes bien d'accord, il ne s'agit que d'un avis personnel...

24 novembre 2012 6 24 /11 /novembre /2012 17:04

Découverte NASA ? De la vie sur Mars ...

Sommes-nous à l'aube d'une révélation importante ?
Il y a quelques jours, le site l'express présente un article étrange, jugez par vous-même:

http://www.lexpress.fr/actualite/sciences/curiosity-la-nasa-a-t-elle-vraiment-fait-une-decouverte-incroyable-sur-mars_1190559.html

Curiosity: la NASA a-t-elle vraiment fait une découverte "incroyable" sur Mars?
Par Mylène Lagarde, publié le 22/11/2012 à 17:08, mis à jour le 23/11/2012 à 10:03
Selon un scientifique de la NASA, le robot Curiosity aurait fait une découverte majeure sur Mars. Une annonce qui n'a pas tardé à soulever les fantasmes en tous genres. L'agence spatiale a pourtant rapidement minimisé l'information.

Coup de bluff ou découverte révolutionnaire?

Quelle est donc ce scoop?

Si le scoop n'apparaît pas clairement, sans doute faut-il lire entre les lignes.

Chose dite, chose faite, et voici ce qui a le potentiel d'un "scoop":

http://www.nasa.gov/mission_pages/mars/news/marsmethane.html

«This image shows concentrations of Methane discovered on Mars ».
"Microbes that produced methane from hydrogen and carbon dioxide were one of the earliest forms of life on Earth," noted Dr. Carl Pilcher.

"If life ever existed on Mars, it's reasonable to think that its metabolism might have involved making methane from Martian atmospheric carbon dioxide." »

Le méthane mis en évidence par l'équipe de la NASA et les universitaires peut avoir deux origines, l'une purement géologique par réaction chimique, l'autre liée à la vie. N'oublions pas que sur Terre, le méthane a pour origine les micro-organismes qui se trouvent en grande partie dans les intestins des mammifères. Ce sont particulièrement nos animaux d'élevage qui en fabriquent.

Alors, qu' "est-ce" qui est responsable de ce méthane ? Est-ce la révélation?
Y-a-t-il un lien avec les objets brillants ressemblant à du plastique, que le robot curiosity à découvert en octobre ?

Mystère...
Cependant, s'il s'avérait que la NASA devait annoncer que la vie existe ailleurs, ne serait-ce pas moindre mal de le faire à une distance relativement éloignée de notre planète ?

Le syndrome de "La guerre des mondes" est présent...
Ne devrions-nous pas envisager cette possibilité sans un angle différent?

18 novembre 2012 7 18 /11 /novembre /2012 15:54

<u>OVNI: Contact imminent?...</u>

Vous aurez sans doute remarqué en cette période de transition, où certains s'attendent à la fin d'un monde, qu'il y a des témoignages importants d'Ovni....
Image extraite du site <u>http://www.2012un-nouveau-paradigme.com/categorie-11906619.html</u>

Que devons-nous en penser ?
A quoi devons-nous nous attendre ?
Le CONTACT est-il imminent, pour l'ensemble de la population ?

L'histoire de notre planète regorge de mythes sur les contacts extraterrestres et jusqu'à présent peu de monde s'en intéresse.
Il est vrai que si une autre civilisation (ou plusieurs civilisations) survole(nt) réellement notre ciel, nous sommes en droit de nous demander ...ce qu'ils font ici.

Sont-ils là pour nous observer comme des êtres primitifs, dans le zoo naturel de la Terre ?... Ne serais-ce pas ce que nous faisons avec les êtres vivants de notre planète....

Sont-ils là dans un but d'exploitation des ressources terrestre vivantes ou non.... comme l'espèce humaine a su si "bien" le faire à chacune de ses colonisations ?
Sont-ils là pour nous aider en tant que "frère" ?

Parmi les crop circle photographiés, certains peuvent nous mettre sur la piste de l'hypothèse n°3, celle des frères galactiques.
Le message que nous sommes censés traduire à partir de ces graphes, peut correspondre à ce que je vous ai déjà proposer.

Pour faire simple : nous devons évoluer spirituellement afin d'agir en symbiose avec notre Terre.

Mais il est vrai que notre monde est fait d'énergie positives et négatives, la matière noire contrebalance la matière, l'énergie sombre contrebalance la lumière !

La matière noire : http://www2.cnrs.fr/presse/communique/1278.htm
Alors, il n'est pas exclue que parmi ces visiteurs se cachent des félons... Comment les débusquer ?

Peut-être que si notre planète doit faire face à cette civilisation, nous serons directement informés de leur hostilité, sans qu'il y ait de manipulation démoniaque, telles que celles décrite par une certaine conspiration.

Comment devrions-nous alors réagir ?
J'espère que cette situation ne se présentera jamais... mais si malgré tout elle survenait, il faudrait que nous ayons atteint un niveau de développement spirituel suffisamment important pour dominer les énergies qui nous entourent et créer un bouclier de forme pensée positive....

Le secret de ce que nous sommes devrait se dévoiler et avec nos capacités se démultiplieront... Tout dépend de notre capacité à nous éveiller !

13 février 2013 3 13 /02 /février /2013 09:01
Découverte étrange sur Mars : Objet métallique ou roche ?

Le 11 février 2013, le robot curiosity a, une fois de plus rencontré sur son "chemin", une "chose" étrange. Car comment qualifier cet objet brillant à la forme si éloignée du minéral ?

Jugez par vous-même :
Image crédit: NASA/JPL-Caltech/Malin Space Science Systems › Larger view
http://www.nasa.gov/mission_pages/msl/news/msl20130211.html

D'après la NASA, il arrive sur Mars, tout comme sur la Terre, que les roches prennent de drôles de formes: ici la comparaison est faite avec une poignée de porte.

Étrange que cela ne soulève pas plus de questions, si l'on se rappelle que ce n'est pas le premier "objet non identifié", un O.N.I si vous voulez !
Qu'est devenue l'analyse de la "pseudo-fleur" ? Et les objets brillants des premières découvertes surprenantes?

Sans chercher à faire du sensationnel, il semblerait que cette année 2013 nous apporte des informations cruciales sur la vie dans l'Univers.
A suivre...

2 février 2013 6 02 /02 /février /2013 13:16
Extraterrestres et éveil de l'humanité

Pour ceux qui doutent de l'existence d'êtres appartenant à d'autres planètes, vous devriez observer que, de plus en plus de scientifiques, tels que Yves Coppens ou Hubert Reeves, pour les plus connus ou reconnus, déclarent ouvertement que la vie doit exister ailleurs dans l'Univers.

Bien sûr, ils ne nous communiquent pas plus sur le sujet, ce qui est dommage et dommageable pour nous tous. Le refus catégorique de la NASA et de toutes les organisations tournées vers la découverte de l'Univers, de parler ouvertement de ce sujet est décevant. Au lieu de cela, ils sont toujours dans la négation. Pourquoi ? Considèrent-ils que l'humanité ne soit pas prête ?

Qui a le droit de décider du moment de la "révélation" ?
Attendent-ils que le mystère disparaisse de lui-même ? Que la vérité s'impose au grand jour?

Très certainement, nous approchons de ce moment clé, pour preuve la reconnaissance du phénomène par la majorité des grands états: la France avec le rapport COMETA, le Brésil, la Chine, la Russie avec la déclaration non officiel du premier ministre, etc...

Le contact avec une civilisation plus avancée que la nôtre est sans doute délicate... sans parler des risques de contaminations de notre part (porteurs sain de virus ou de bactéries) ou de la leur. Les échanges peuvent se faire sans contact physique, grâce à un langage mathématique.

Il n'y a plus beaucoup de doutes sur leur présence passée sur la planète, cependant, était-ce les mêmes civilisations? Pas sûr...

Les messages des crops circles sont là pour stimuler notre mémoire. Ce sont sans doute des instructions, de nature technologiques et spirituelle...
Voici une vidéo édifiante...

23 mars 2013 6 23 /03 /mars /2013 08:57

Nouvelles découvertes sur la matière noire et l'énergie noire...

Cartographie tridimensionnelle de la matière noire du champ COSMOS. © ESA/NASA

http://www.insu.cnrs.fr/univers/extragalactique-et-univers/premiere-carte-tridimensionnelle-de-la-distribution-de-la-matiere

D'après les dernières données obtenues à partir du rayonnement fossile de l'Univers, la matière noire représenterait 25.8% et l'énergie noire 64%. Ces nouveaux pourcentages et les cartes associées renforcent l'idée du rôle primordiale de ces deux éléments.

Quel peut-être le rôle de la matière noire?
Voici ce qu'en pense un spécialiste du CNRS:

" Lorsqu'un amas est en train de se former, la matière noire s'étale entre les galaxies et joue le rôle d'un liant entre les galaxies…" explique Jean-Paul Kneib
Donc la matière noire semble jouer le rôle d'une trame, d'un fil directeur dans la formation de la matière (lumineuse).

Quelle est l'origine de l'énergie sombre?
Qu'en disent les spécialistes de la NASA:
L'Univers contiendrait des particules "virtuelles" qui apparaîtraient disparaîtraient en permanence !

Les scientifiques avouent leur méconnaissance du phénomène. Certes, il est possible de lui donner un nom," la quintessence", mais indiquer sa véritable nature reste pour le moment impossible. On envisage bien, qu'il s'agirait d'un "nouveau roi" de la dynamique de fluide. Si l'on fait un parallèle avec les connaissances ésotériques ou scientifiques des peuples du passé, on peut envisager une hypothèse pour le moi stupéfiante !

Si l'Univers est remplie de particules virtuelles et d'un fluide dont la nature électromagnétique n'est pas encore identifiée.

Alors, il est possible d'émettre l'hypothèse suivante:
La matière dont nous sommes constituée, a pour origine une trame virtuelle. Cette trame se construit et se déconstruit comme bon lui semble.

Elle est donc intelligente.
La matière noire et l'énergie sombre sont les composants holographiques de ce que nous con naissons sous le nom de Dieu.
Mais qui ou qu'est-ce Dieu, ou quel que soit son nom?
Une intelligence qui fait et défait la matière. Questions philosophique: Quelle est l'origine de cette intelligence? A vous de proposer une solution à ce problème métaphysique...

22 juillet 2013

Les celtes: leur véritable histoire

Comme depuis toujours, l'Homme manipule l'histoire pour qu'il n'en reste qu'une infime partie de réel. La volonté de domination d'un peuple ou d'un homme sur les autres individus, pousse au plus grand des sacrilège : effacer l'histoire en détruisant tout un patrimoine historique (bibliothèque d'Alexandrie - livres brûlés lors de la secondaire mondiale sous le nazisme - statues de Bagdad ...).

Il est plus que temps que des personnes à responsabilités élevées dans la société interviennent pour rétablir une partie de la vérité historique. Car malheureusement la totalité serait chose impossible... il manque trop de pièces au puzzle !

Prenons le cas de Celtes.
Il est un endroit qui m'est cher, c'est Bibracte en Bourgogne.
Si par bonheur vous avez la chance d'y faire un court passage, vous découvrirez une forêt magique et tout un pan de l'histoire qui est en cours de mise à jour par des fouilles régulières.

Malheureusement, le poids de l'invasion romaine a laissé des séquelles irrémédiables, mais prenons le temps de nous informer afin de vérifier par nous-même ce qu'il en était réellement de ce peuple trop longtemps considéré comme barbare et primitif.

Je vous propose de vous faire votre propre idée à partir du documentaire ci-dessous.

18 juillet 2013

A new crop circle : the code...**A new crop circle can help us... Perhaps... I have the code....**We know that the mathematical code is important for understanding (including) crop circles. But the most important rest the instinct. Somebody said to me that crop circles are there only for the workers of light.

Maybe, but they are maybe there for everybody around the Earth, to pass on (to transmit) a message crucial for our evolution. They are maybe the code which will loosen (free) us from the inside so as to connect with our soul.Then, I give you the message, but until you will open your heart, the picture won't change you... Don't use black magie, it's dangerous, but open your heart to bright love...

Seen and feel are important.Cela va vous paraître prétentieux, mais j'ai peut-être le code d'un nouveau crop circle (du 15/07/13).

Une personne m'a dit récemment que le code ne pouvait servir qu'aux travailleurs de lumière. Sans doute, c'est d'ailleurs une des raisons qui fait que les crops circles ne font pas sensations dans le monde entier... Dommage ! Ce sont des réservoirs de savoirs.Pas tous, évidemment, il y en des grossiers et des subtiles. Je ne m'intéresse qu'à la deuxième catégorie. Vous pourriez vous dire comment est-elle certaine de ne pas se faire avoir ? Et bien, une seule chose me guide, c'est mon instinct, mon sixième sens. A vos yeux cela paraîtra peut-être insuffisant, mais accordez un peu de votre attention au message qui suit et faite vous votre propre idée ensuite.

Pour ceux qui ne doutent plus, je pense qu'il y a un code dans le code. Je vous propose ma réflexion, tout en sachant qu'il ne s'agit que d'une possibilité parmi d'autres. Tout dépend du décodeur utilisé...

1 - 8 - 4 - 1 - 8 - 1 = Le microcosme dans le macrocosme, qui contient lui-même le macrocosme. Le lien entre ces dimensions se fait grâce au chakra 8. L'Homme est un canal entre ce qui est en haut et ce qui est en bas. Il contient le tout donc son potentiel est grand.

The microcosme in the macrocosm, which contains he even the macrocosm. The link between these dimensions (size) is made thanks to the chakra 8. The Man is a channel (canal) between what is at the top and what is below. He (it) contains quite thus his (its) potential is big.

Chapitre IV

Le trésor des immortels,
Voyage initiatique au cœur de nos origines,
Initiée

23 juillet 2012 1 23 /07 /juillet /2012 09:36

<u>Le trésor des immortels</u>

Nous sommes de plus en plus nombreux à sortir du brouillard...

Maintenant il est temps de nous reconnecter à notre véritable nature.

Comment parvenir à cet exploit? Peut-être vous manque-t-il certaines clés afin d'ouvrir les portes de votre être.

Si tel est le cas, je vous propose dans mon second essai "Le trésor des immortels", la possibilité d'ouvrir "votre coffre-fort" celui qui contient le trésor des immortels.

A chacun son rythme dans cette période de "révélations", mais ne restons pas pour autant à la traîne par peur, par facilité ou par mépris.

Les clés sont en vous, peut-être n'êtes-vous pas encore parvenu à les trouver.

Permettez-moi de vous y aider, que vous soyez croyant, athée ou... dubitatif.

Je ne prétends pas détenir "la connaissance" mais j'espère pouvoir vous être utile afin de découvrir le trésor des immortels.

Avec toute mon amitié...

23 juillet 2012 1 23 /07 /juillet /2012 09:44

Voyage initiatique

20 juillet 2012 5 20 /07 /juillet /2012 09:04

Emergence d'une grande énergie.

Il est des instants dans la vie où nous regardons notre environnement différemment, avec un regard neuf.

Des instants où nous ressentons qu'il nous faut être vigilant, afin, de ne pas passer à côté d'un événement important.

Nous remarquons, qu'il manque quelque chose dans notre vie.

Nous découvrons, qu'il ne s'agit pas d'un bien matériel.

Alors, commence la grande quête, celle de notre Saint Graal.

Remarquez comme de nombreux humains dans nos sociétés européennes ou américaines recherchent à se rassembler?

Pour le moment ces rassemblements se font sous forme de danses, mais cela ne cacherait-il pas autre chose?

Et si pour nous, c'était le moment de découvrir notre Saint Graal?

De sortir du brouillard et de nous retrouver... Nous les êtres humains constitués de l'énergie originelle.

Nous sommes aux portes de l'initiation.

L'évolution est chose normale dans la nature, donc rien d'étonnant à ce que nous soyons actuellement dans une phase évolutive.

Mais est-ce une phase standard qui ne perturbera pas la vie de la planète, ou est-ce une période critique?

Des personnes alarmistes, à force de prévenir des risques d'une grande catastrophe, on finit par désintéresser le public.

Nous sommes très vites blasés par les informations qui nous parviennent.

Alors, serons-nous capables d'être à l'écoute de la bonne information?

Dans mon nouvel essai, "Le trésor des immortels", je mets le doigt sur ce que nous refusons de "voir" et comment parvenir à "ressentir" notre environnement.

Nous sommes tous capables de réussir ce que certains appellerons un "saut évolutif", en acquérant une sensibilité beaucoup plus fine de notre environnement, de façon à vivre en osmose avec lui.

Mais quel peut-être l'intérêt de parvenir à cette initiation?

Découvrir ce que nous sommes et pourquoi nous sommes là.

Il n'y a pas d'utopie, mais une mémoire affaiblie qui ne demande qu'à être réactivée.

Pour vous convaincre de l'existence réelle d'une évolution planétaire, comparez l'activité interne de la planète depuis une dizaine d'années, observez la recrudescence d'activité du Soleil, remarquez les changements climatiques... N'écartez pas ces informations parce que des mouvements sectaires s'en servent pour manipuler des âmes fragiles. Ne vous affolez pas, à l'inverse si vous avez fait les bons constats.

Il n'y a pas de fin dans la nature, même en sciences physiques on reconnaît que "rien ne se perd, rien ne se crée, tout se transforme".

Nous sommes à mon sens sur cette magnifique planète pour apprendre. En étant "l'élève de la vie", nous devons être modulable, donc évoluer avec les informations ou expériences que nous recevons.

Actuellement, toutes personnes hypersensibles aux ondes électromagnétiques ressentent fortement la transformation qui se produit sur notre planète.

De mon point de vue, qui n'est pas celui d'un être "contacté", ou "médiumnique", il nous faut remarquer les changements, les comprendre et évoluer avec eux.

Les stages et les gourous ne peuvent pas vous permettre d'évoluer. Jugez toujours par vous-même, faites-vous une idée de toutes choses en faisant des recherches.

Écoutez votre perception fine...

Cette évolution aura des conséquences et l'une d'elle peut être l'altruisme :

Et si nous avions la possibilité d'agir profondément sur notre planète?

Et si chacun d'entre nous avait ce pouvoir, sans occuper un poste important dans la société?

Et s'il suffisait d'essayer?

Vous connaissez l'adage suivant qu'avec des "si" on referait le monde?

Et bien, à nous d'agir !

Comment?

Le japonais Mazaru Emoto a prouvé le pouvoir de notre pensée sur l'eau, et si ce pouvoir pouvait s'appliquer aux cinq éléments?

Nous pourrions alors donner à la planète ce que nous lui avons pris, c'est à dire sa pureté.

Voulez-vous relevez le défis?

Rien de "sorcier", que vous soyez croyant ou athée vous avez la faculté de donner à la Terre pour sa survivre.

Regardez autour de vous, notre action sur la Terre lui est fortement préjudiciable.Elle devra survivre à nos méfaits et aux éléments naturels.

Ceux d'entre vous qui sont croyants, quel que soit votre religion, il vous suffit de prier.

Prier avec votre cœur, de tout votre cœur !

Priez pour la protection de notre magnifique planète, pour qu'elle reçoive l'amour divin qui guérit.

Formuler avec vos mots de façon à ce que leurs sens soient réels à vos yeux.

Soyez persuadé que votre prière est puissante car portée par l'amour. Ressentez l'amour que vous enverrez à notre planète et à tous ses êtres vivants. Pour ceux d'entre vous qui sont athées, vous pouvez visualiser cet amour.

Il vous parvient de notre Terre mère depuis vos pieds et remonte le long de votre corps. Sentez cet amour vibrer en vous, puis concentrez-le dans vos mains.

Créer une boule d'énergie rose avec l'aide de votre imagination.

Et lorsque vous la sentez suffisamment grande, projetez-la vers l'espace, en visualisant l'image de la planète qui reçoit votre amour sous la forme d'une pluie d'amour de couleur rose. Chaque parcelle de la Terre l'absorbe.

Qu'en dite vous? Vous sentez-vous prêt à relever le défis ? Quand agir?

Et bien choisissons une date déjà proposée par Mazaru Emoto. Tous les 25 de chaque mois, cet auteur propose d'envoyer des pensées positives à l'eau de notre planète.

Alors, acceptez-vous de créer une des premières communions universelle?

Aucun bien matériel, ni aucun dogme ne vous est demandé ou imposé.

Seulement quelques minutes de méditation pour agir.

Soyez prêts le 25 de chaque mois

Moi, je m'engage

Et vous?

2 août 2011 2 02 /08 /août /2011 08:47
The celestine prophetie

Voici un extrait du film " The celestine prophetie "; film que j'ai découvert sur le site " nous les dieux.org". A travers une histoire "cinématographique", les notions d'énergies circulent...

A vous de juger, et si l'extrait vous plaît vous découvrirez le film sur le site "nous les dieux"...

http://sandrelaroche.e-monsite.com/rubrique,the-celestine-prophetie

5 septembre 2012 3 05 /09 /septembre /2012 08:49
Les chakras

La notion d'énergie qui circule dans notre corps n'est plus à démontrer, des preuves scientifiques existent; voir le site :

http://www.avenir-reiki.com/preuves_scientifiques_reiki_087.htm .
Sans oublier "la preuve en image" avec l'effet Kirlian.
Pour faire simple, il s'agit d'une empreinte de nos énergies corporelles qui marque la pellicule photographique et suivant notre état de santé, cette énergie sera plus ou moins importante.

Si vous souhaitez en apprendre davantage sur cet effet et son fonctionnement, vous pouvez consulter :http://www.outre-vie.com/contacter/inconscient/aura/aura.htm.
Les chakras sont des centres d'énergies, des carrefours où la force de "l'énergie" est palpable, par une personne sensible au fluide magnétique, ou à l'aide d'un pendule qui réagira suivant la santé de ces chakras.

Pouvoir les ressentir doit être chose facile pour tout un chacun, mais il faut accepter cette existence énergétique qui se loge en nous. Il existe des exercices magnétiques qui permettent de s'initier, afin de faire un travail sur soi-même, et de se découvrir plus qu'un corps physique et matériel. Je vous conseille, si vous me le permettez, de tester simplement sur vous même le rapprochement de vos deux mains à 4 ou 5 cm de distance.

Si vous avez un fluide assez fort ou tout simplement que vous acceptez son existence, vous ressentirez une chaleur sèche et électrique...

5 septembre 2012 3 05 /09 /septembre /2012 08:45
L'hermétisme

Depuis fort longtemps, notre civilisation compte parmi elle des êtres évolués qui ont cherché à partager leurs connaissances avec le reste du monde... Mais, nous ne sommes pas tous prêts à entendre "cette réalité" ainsi dévoilée, c'est pourquoi à mon avis, ce doit être l'une des raisons de la naissance de l'hermétisme. Personnellement, bien que petite goutte d'eau dans l'océan de l'humanité, je pense que cette connaissance doit être connue de tous, sans qu'un décodage intense soit nécessaire. Évidemment, l'interprétation que chacun d'entre nous donne à un texte dépend de son vécu et de sa capacité d'ouverture d'esprit. Donc si maintenant, moi petite fourmi, je vous donne ma traduction de quelques passages hermétiques, il est évident que ma personnalité influencera cette traduction. Cela interdit-il pour autant le passage de la pensée d'humains à humains ?

Je pense devoir écouter l'analyse de toute personne prête à s'investir dans le décodage de cette connaissance ancestrale, chacun pouvant apporter une pierre à l'édifice. Je me permettrai donc de vous donner ma traduction, qui devra être remaniée par vos soins...

Nous sommes bercés par l'illusion du matérialisme, alors que nous sommes pure énergie. A mes yeux, il faut que d'une manière ou d'une autre, chacun à notre rythme, nous nous familiarisions avec cette réalité. L'intégrer est un grand pas effectué vers ce mystère de la vie. "Nous", énergie intelligente, devons probablement fonctionner en réseau, avec des échanges plus ou moins perceptibles selon notre sensibilité à l'altruisme. Se dévouer aux autres, doit nous rendre sensible aux énergies émanées par les autres énergies intelligentes. "Nous" ce grand tout à l'image d'un réseau informatique programmé pour ne plus communiquer ensemble, sommes capables ensemble de ne faire plus qu'un et d'aider cette merveilleuse création qu'est la Terre, à rester vivante...

Je ne revendique pas le slogan nombriliste, suivant :"Sauver la Terre pour le bien de l'humanité", mais à l'inverse je crois qu'il faut appliquer celui-ci :" Sauver l'humanité pour le bien de la Terre". Le sens sauver l'humanité peut s'interpréter par "réveiller" l'humanité !

Je pense qu'il faut rechercher en nous cette étincelle pure et la choyer jusqu'à ce qu'elle se développe suffisamment, pour permettre à nouveau la connexion avec l'ensemble des étincelles. Mais il faut rester vigilant pour ne pas retomber par facilité dans l'oubli de ces instants fugaces où nous redevenons un "homme vrai"...

Poursuivre cette voie n'est pas reposante, elle est même très déstabilisante, car vous allez vous heurter à l'incompréhension de votre entourage, voir à l'exclusion.
Mais céder face à cette menace et rester tapis dans l'ombre jusqu'à ce que l'oubli nous ait engloutis, n'est pas réconfortant !

Peut-être que si nous ouvrons notre cœur à l'ensemble de la création de ce monde, nous pourrons recevoir la force nécessaire pour poursuivre et développer ce don merveilleux qui est lattant en chacun de nous.

29 novembre 2012 4 29 /11 /novembre /2012 19:01
Décembre 2012 révélation contact extraterrestre ?

Que penser des prochaines "révélations" à venir sur les contacts multiples entre les mayas et les extraterrestres ?

Je ne doute pas de l'existence d'autres formes de vie dans notre Univers ou devrais-je dire dans nos dimensions...
Cependant, il me semble que dans toutes les révélations passées concernant les rapports entre les états et ces peuples venus de l'espace, le contact passe par le langage...

Est-ce vraiment possible d'envisager que nous puissions communiquer avec notre "langage "?

Comment envisager qu'ils aient un système de cordes vocales comme les nôtres? Permettez-moi d'émettre des doutes sur la méthode d'échange.
A moins que la communication établie soit passée par la télépathie, à l'aide d'images, de concepts d'idées...

Ou bien est-ce grâce à notre système de télécommunication qui passe par des ondes ? Le mystère reste entier, dommage que les témoignages des autorités ne donnent pas plus de détails sur ce sujet...

Peut-être serait-il temps de se poser la question !
Ne serais-ce pas le bon moment pour "enfin" annoncer ce qui n'est plus un secret d'état ?

Qui n'a jamais vu d'ovni ?
Le robot curiosity sur Mars, les fameuses révélations mayas, l'activité solaire.... l'humanité se prépare...Un petit pas pour l'Homme un grand pas pour l'humanité multidimensionnelle !

25 novembre 2012 7 25 /11 /novembre /2012 18:22
<u>Critique littéraire du " Trésor des immortels"</u>

En tant qu'auteur, je me dois de vous présenter au mieux mon dernier essai.

Mon objectif est de même nature que ce blog, c'est à dire "partager "un maximum d'informations. Car, je considère que nous sommes tous frères et en droit de posséder la connaissance qui pourra nous apporter la paix.

Mon livre n'est pas un roman et n'a pas de prétention littéraire. Mais, je place en lui beaucoup d'espoir afin qu'il touche un maximum de "cœur"....
Et j'ai eu le plaisir, de découvrir le site de critizen : http://critizen.over-blog.com/article-le-tresor-des-immortels-112765229.html qui présente le livre.
Je crois avoir trouvé une personne touchée par son contenu, je vous propose l'article, en remerciant par avance l'auteur pour cet emprunt.

Cet ouvrage nous propose un voyage initiatique « vers le chemin de l'illumination », « de la connaissance cachée dans les religions et l'hermétisme ». L'auteur nous invite à étudier les leçons de tous les peuples à travers leurs croyances, non pour étudier l'autre mais pour se retrouver. Ainsi les religions sont des points de vus limités mais qui visent une réalité unique. Cet universalisme offre donc la possibilité de dépasser l'attitude sectaire du dévot. L'homme doit devenir acteur de sa « propre illumination ». Il doit retrouver la capacité à se poser des questions sur lui-même, en sachant que dans chaque question il y a un défi. Le défi de l'auteur était de mettre en lumière les connaissances cachées afin d'accéder au « trésor des Immortels ».

Certains livres procurent un plaisir de découverte, nous embarquent où aucun chemin de la vraie vie ne conduit. C'est le cas de celui de Sandrine Laroche encore inconnue pour beaucoup. Cet ouvrage aux échos parfois autobiographiques, surprend par le style distancié mêlant avec aisance sciences dures, sciences des religions et ésotérisme, ce qui peut en dérouté plus d'un.

Certes, il ne s'agit pas d'une lecture facile et bon nombre de références nous échappent. De plus, certaines démonstrations rendent insaisissables la volonté de faire dialoguer les diverses croyances, aussi pertinentes qu'elles puissent être. Il est bien clair que ce livre s'adresse à un lectorat affûté mais on est quand même en présence d'un bel ovni littéraire, intelligent et exigeant. Et rien que pour ça, ça vaut le coup de s'y attarder.

Le trésor des Immortels, Sandrine Laroche
Éditions Sokrys

23 février 2013 6 23 /02 /février /2013 12:29
Carlos Caste nada LE TRESOR DES IMMORTELS

La voie chamanique est secrète.
Il est préférable qu'elle ne soit pas révélée à "ceux" qui ne sont pas prêts. En aucun cas il ne s'agira d'élitisme.

Seulement, il est nécessaire qu'elle parvienne entre les "mains" d'êtres ayant progressé sur le chemin de leur vie. Il faut avoir évalué son passé, se débarrasser un maximum de son ego, ou tout au moins le rassurer.

Alors seulement la personne comprendra et fera bonne utilisation de ce secret.
 Il y a plusieurs personnes qui ont tenté d'apporter à un large public ce secret.
 Et Carlos Castenada a le mérite d'avoir donné des clés. Il est regrettable que ceux qui ne sont pas parvenus à "recevoir" l'enseignement à travers ses romans, aient discrédité ce personnage et ses écrits.

Le chamanisme ne peut-être révélé au plus grand nombre sans ses artifices magiques, et c'est sans doute cela qui aura rebuté plus d'un. Mais si vous êtes parvenu à découvrir le "trésor des immortels", les romans initiatiques vous dévoileront toute leur sagesse. Le trésor apporte une grande puissance si l'on accepte de courir les risques qui sont associés... si nous présageons de nos forces.

Il faut travailler d'arrache pieds, sans relâches, avec conviction et humilité sur le sentier. De nombreux écrivains pourront apporter au chaman qui s'éveille des clés qu'il devra adapter à sa personnalité. Aucun moule d'éveil n'existe, aucune initiation n'est identique. Il faut savoir s'ouvrir à la connaissance tout en la faisant sienne. Et par-dessus tout il faut la vivre...

Il faut trouver le guide qui peut convenir, tout en étant capable de ne pas le considérer comme un gourou. Cela ne peut-être. Nous avons tous plusieurs guides qui interviennent dans nos vies à différents moments et la plupart du temps ce sont des gens ordinaires ne se vantant pas de posséder quelconques pouvoirs.

Le livre LE TESOR DES IMMORTELS explique avec des mots de notre temps, comment y accéder, il n'y a pas de sens cachés, derrière une magie ou des symboles. J'ai fait ce choix délibéré car nous sommes dans une période où grâce au changement solaire, un grand nombre de personnes s'éveillent à cette connaissance et seront capables de la posséder pour le plus grand bien de l'humanité et surtout celui de la planète.

http://www.sokrys.com/product.php?id_product=83

Seuls ceux qui seront prêts "sauront dans leur cœur" que ce livre est pour eux. C'est pourquoi je crois qu'il n'y a aucun risque à tout dévoiler et donc à passer le flambeau à mes semblables...

6 février 2013 3 06 /02 /février /2013 18:44

Gregg Braden parle du TRESOR DES IMMORTELS

Le célèbre Gregg Braden, connu et reconnu pour ses qualités scientifiques et métaphysiques a tenu une conférence en 2007 sur la DIVINE MATRICE, qui est actuellement en consultation libre sur le net.

Sa conception à la fois scientifique et spirituelle peut compléter les connaissances de tous ceux qui ont lu le TRESOR DES IMMORTELS.

Le TRESOR DES IMMORTELS présente une technique pour acquérir progressivement une conscience supérieure du monde.

Et la conférence de Gregg Braden présente une partie du concept du livre avec d'autres mots.

Je me permets de vous conseiller d'aller jusqu'au bout des 3h de cette conférence enrichissante.

21 janvier 2013 1 21 /01 /janvier /2013 19:03

Le chamanisme ... une nature profonde en sommeil

Aujourd'hui, nous sommes de plus en plus nombreux à ressentir, en pleine conscience, le monde comme jamais auparavant...
Les sages indiens connaissaient cet état où le corps et l'âme entrent en résonance avec la planète.

Certains l'appellent l'instinct, d'autres l'intuition, moi je vous propose l'antenne des chamanes.

A nous de la faire naître à la réalité, à vous de la ressentir.

Il ne s'agit pas d'une supériorité, d'un élitisme, mais d'une constitution particulière qui rendra quelques-uns d'entre nous plus aptes à développer ces capacités.

Les cœurs sont touchés, ils veulent s'exprimer inonder de leur lumière le monde extérieur.

Le réveil est brutal pour bon nombre d'entre nous. Notre corps et notre esprit avaient oublié ce que nous sommes. Il y a des réponses à nos questions, se chercher est naturel, mais se sentir différent, comme un intrus dans ce monde et plus que réceptif, ne doit pas rester sans réponses. Permettez-moi de vous proposer mon aide.... J'ai écrit LE TRESOR DES IMMORTELS, un essai dans l'espoir de transmettre à mes "semblables" une clé qui leur ouvrira un chemin vers les réponses tant attendues. Cette clé n'est pas unique, vous en trouverai d'autres.

Évidemment la clé mise à votre disposition ne sera active que si vous la façonnez à votre personnalité.

Avec toute mon amitié

22 avril 2013 1 22 /04 /avril /2013 09:17

<u>Montée de Kundalini</u>

Que se passe-t-il lorsque l'énergie créatrice circule en nous sans retenue ?

Il est probable que les sensations ressenties soient individuelles, en fonction de nos propres antennes.

Mais, cela ne doit pas pour autant empêcher le partage des expériences.

Pour les êtres sensitifs, l'énergie qui nous constitue est un fait palpable et parfois visible.

Alors quand l'énergie lovée au creux de nos reins remonte en direction de la tête, bon nombres de sensations peuvent survenir.

- Un afflux d'énergie peut atteindre le cœur donnant la sensation d'un malaise vagale. Les battements cardiaques s'accélèrent rapidement;

- Arrivée à la tête, l'énergie peut donner l'impression de tirer les yeux vers l'arrière du crâne.

- Le corps semble vibrer.

- La chaleur peut envahir certaines parties du corps.

Suite à cette expérience que je qualifierais d'énergétique, il est possible de découvrir des capacités qui jusqu'alors étaient en sommeil.

- Capacité de ressentir la volonté de l'autre. Pour les sensitifs, c'est très naturel, mais cela se précise. Ainsi, une personne désirant vous cajoler, cela sera ressenti physiquement. De même que les désirs négatifs seront perçus.

- Vos désirs positifs ou altruistes se matérialiseront de plus en plus vite. Vous vibrerez de telle façon que vous serez en accord complet avec vos pensées.

Partager cet article

16 avril 2013 2 16 /04 /avril /2013 15:45

La flamme violette

Voici un sujet, non scientifique. Il n'y a pas de preuves matérielles pour démontrer l'existence de la flamme violette, mais cette dernière semble revenir en force dans les courants de pensées spirituelles. Alors partons à sa découverte.

Pour ceux qui s'intéressent à l'ésotérisme, la notion de flamme violette leur sera familière.

Illustration de ce qu'est en théorie la flamme violette :
http://coeurdechristal.free.fr/flamme_violette.htm
Pour les autres ce sera l'inconnu. Or, ce que nous ne connaissons pas, nous pouvons mal l'interpréter.

Je prends le risque malgré tout de vous présenter une interview qui pourra susciter en vous de l'étonnement, voire de la moquerie.
Mais parmi vous, certains seront peut-être touchés par l'essence même du principe qui est donné par le médium canadien.

Avant tout rejet de votre part, je vous demande de bien vouloir faire de votre côté des recherches sur ce qu'est la flamme violette...
Et dans un second temps d'observer le médium lorsqu'il est "possédé" par l'âme spirituelle. Les symptômes sont troublants.
Enfin observez au niveau de la partie postérieure de la tête, entre les cheveux et le paysage : Que remarquez-vous?

Accepter cette expérience reste à mes yeux forts dangereux. Qui nous dit que l'âme est bienfaisante? Alors ne vous y méprenez pas... je ne vous incite aucunement à tenter vous-même l'expérience, sous peine de vous mettre en contact avec les âmes bloquées dans la Douât....

16 avril 2013 2 16 /04 /avril /2013 08:49

Chamanisme : Le retour en force

Extrait site: http://www.cercle-de-samsara.com/t2203-6eme-festival-du-chamanisme-2013
Depuis quelques années le chamanisme fait un retour en force.

Dans un premier temps ce fût sans doute l'utilisation des plantes hallucinogènes qui stimulèrent la curiosité. Mais depuis une petite dizaine d'années, c'est l'essence même du chamanisme qui stimule l'être intérieur des personnes qui s'en imprègnent.
Mais avec ce retour, des hommes attirés par le pouvoir ou l'argent peuvent rôder tels des vautours. Les vrais chamans ne courent pas après l'argent. Ils ne réclament pas la reconnaissance ou de l'argent.

Il ne s'agit pas d'une éthique, mais d'un fait. Celui qui naît chamane n'est pas attiré par les choses bassement matérielles.
Ce sont les réalités d'en haut qui le nourrissent spirituellement.

Évidemment physiquement, ils sont comme tout le monde. Ils doivent se nourrirent, alors beaucoup acceptent des petits dons sous forme de nourriture, d'objets, mais pas d'argent. L'argent a un pouvoir si fort, qu'il réduirait le pouvoir sacré du chaman.
Dans notre pays, la France, les magnétiseurs, pour certains appelles rebouteux, fonctionnaient par le passé de la même façon. Ils ne demandaient pas d'argent. De nos jours, ce n'est plus souvent le cas.

Mais on ne monnaie pas le "don" divin.
Être capable de percevoir les dimensions avec les forces spirituelles qui les composent, entraîne chez le chamane le besoins d'être au plus proche de la nature, sans artifices.

Leur vocation est d'aider ou de guider. Ils ne vous diront pas ce que vous devez faire, ils agiront au niveau du subtil de l'invisible.

C'est cette dernière notion qui rend rétissant de nombreuses personnes. Une initiation au chamanisme, ne vous rendra pas pour autant chamane. Il faut avoir dans sa structure corporelle, les "antennes" nécessaires. Depuis tout petit, les chamans voient et/ou entendent les autres dimensions. Voici une fiction qui présente l'intérêt de donner une idée différente de ce qu'est le chamanisme... à voir ou à revoir.

6 avril 2013 6 06 /04 /avril /2013 09:45

<u>Eveil collectif en marche !</u>

TRES BONNE NOUVELLE POUR l'HUMANITE
De plus en plus de personnes sortent du brouillard.
 Leur regard change sur le monde et sur les actes humains. Après le constat de notre errance dans un monde spirituel que nous ne percevons plus, les Hommes commencent à devenir acteur de leur réalité.

 Ils se réveillent atteignant un niveau de conscience accru. C'est alors qu'ils ressentent le besoin d'agir pour le bien de la planète et de l'humanité.
 Le cheminement initiatique passe par la reconnaissance du savoir ancestral de populations amérindienne ou indienne.

 Ci-dessous l'exemple de Marc Delaménardière...
 A nous d'agir maintenant.
 De mon côté je vous propose humblement mon essai LE TRESOR DES IMMORTELS pour affirmer votre éveil.

 Amitiés

16 juin 2013 7 16 /06 /juin /2013 10:18

<u>Hautes vibrations en juin 2013</u>

Il n'est plus de doutes permis pour toutes les personnes sensitives de plus en plus nombreuses parmi nous... Notre planète connaît une période de mutation importante !

Cela fait quelques années que le processus est en marche, mais depuis que le Soleil s'est manifesté plus intensément, les vibrations ressenties sont plus puissantes.

A n'en pas douter l'ensemble de la population perçoit ce changement, sans pour autant le mettre sur le compte de l'énergie cosmique qui nous parvient. L'humanité devient plus réactive, la violence est plus présente, les actes gratuits néfastes également. Et en parallèle de nombreuses autres personnes ressentent en elle vibrer un appel vers un autre avenir, plus serein, plus altruiste.

Vers quelle dimension allons-nous pencher, celle de la peur, des tensions de l'auto destruction?

Ou vers celle de la paix, de la compassion de l'altruisme ? Une société en accord parfait avec notre propre nature, celle d'un canal de lumière. Car c'est ce que nous sommes, des intermédiaires entre les énergies cosmiques et telluriques.

Il n'y a rien de magique, c'est une réalité que nous avons oublié il y a fort longtemps sans doute du fait d'un changement de vibrations cosmiques.

 Aux Editions EDILIVRE

5 juin 2013 3 05 /06 /juin /2013 17:24

Caducée : La guérison par le magnétisme

Nous sommes vraisemblablement dans une période historique pour l'humanité.
La science resserre ses liens avec ce que l'on qualifiait d'hermétique voir d'ésotérique tant la difficulté de percevoir ces connaissances sacrées s'avéraient compliqué pour le commun de mortels. De nos jours, nous frôlons du bout du doigt la sagesse de nos anciens grâce aux nouvelles découvertes, en physique quantique notamment.

Cette liaison qui voit le jour devrait nous permettre de faire un bond en avant, surtout avec notre Soleil qui nous assure un taux de vibrations tel que nous n'avons besoin d'aucune installation savante comme celle des temples égyptiens.

La Terre résonne grâce à ses cristaux, tels que le quartz. Cela crée un champ électromagnétique amplifié ressenti par les personnes sensitives. Alors, le fluide magnétique peut circuler plus librement dans notre système nerveux. Nous donnant un pouvoir de création et réflexion plus important. Puis nos cellules reçoivent l'information consciente de notre esprit, elles deviennent capables de s'auto réguler grâce à la force et la volonté de la conscience créatrice. Pour faire plus simple nous devenons capables de nous réparer avant que ne s'installe la maladie, voir même nous réussissons quelque fois des miracles sur notre corps.

Mais avant de parvenir à ce stade d'évolution, qui à ne pas en douté nous attend si et seulement si l'humanité ouvre sa conscience et son cœur, nous devons apprendre à recevoir les vibrations du cosmos.

En aucun cas on ne peut marchander son ouverture de conscience, personne ne peut vous promettre de vous l'offrir moyennant finance. Par contre vous pouvez cheminer dans les pas de personnes qui ont connu l'éveil. Je vous conseille, si vous me le permettez la lecture des évangiles gnostiques de Thomas, les tablettes d'émeraude d'Hermès Trismégiste. Pour les textes plus contemporains, La prophétie des Andes de James Redfield, Initiée d'Elizabeth Reich et si vous me l'autorisez, également, Voyage initiatique au cœur de nos origines et Le trésor des immortels de votre humble serviteur, Sandrine Laroche. Vous trouverez d'autres ouvrages en quantité et en qualité pour vous aiguiller, à vous de laisser parler votre intuition, elle est fiable.

5 juin 2013 3 05 /06 /juin /2013 08:37
Le futur et l'Homme...

Voici un sujet très complet et haut en couleur...
Que pensent les éminents scientifiques de l'évolution sur la Terre et de la vie dans l'Univers ?

Une émission sur Arte du 4 juin 2013 a le mérite de dévoiler sans tabous ce que beaucoup refusent d'imaginer...à savoir notre origine, ce que nous sommes, ce que nous allons devenir.

Vous découvrirez que la science se rapproche hautement de l'ésotérisme, cette science multi potente qui cherche à expliquer le "tout". Pour ceux parmi vous qui sont des chercheurs de "vérités", vous ne serez pas déçus, le mystère obscur caché dans l'hermétisme commence à devenir lumineux grâce à la science !

Je vous conseille d'aller sur le site d'ARTE http://www.arte.tv/guide/fr/048713-000/futur-par-starck

22 mai 2013 3 22 /05 /mai /2013 09:56
Evolution planétaire...

L 'Amour Vibratoire propulse l'humanité vers ce qu'il y a de plus beau, cependant pour arriver à surfer sur la vague gigantesque qui nous transporte actuellement, il nous faut rester forts et courageux. Ne pas perdre confiance malgré les éléments qui se déchaînent et avec eux la peur, la colère, la haine et la jalousie de l'humanité.

Ouvrons notre 3ème œil et contemplons notre soleil intérieur, c'est lui notre guide. Personne ne peut vous aider à le trouver, il n'y a que vous et vous seul. Seulement il est bon de nous le rappeler souvent. Nous oublions dans notre vie quotidienne ce que nous sommes. PERSONNE et AUCUN appareil ne pourra vous ouvrir votre 3ème œil... Il n'y a que vous. C'est le moment...

Ne perdons pas courage et confiance, affrontons ce pourquoi nous sommes ici. Constatons tant qu'il est encore temps la beauté de notre planète. Éprouvons cet amour inconditionnel, que savent éprouver les animaux. Pensez à votre chien, c'est lui le meilleur ami de l'homme et pour cause, il nous accorde son amour quel que soit notre attitude et nos changements d'humeurs. Trouvons en nous les forces nécessaires à cette transformation planétaire.

Avez-vous remarqué l'absence d'articles sur les changements de consciences planétaires ? Pourquoi d'après-vous, la presse qui d'habitude se jette sur le sensationnel, à partir du moment où il est question d'illuminés, ne se manifeste-t-elle pas ? Son absence de messages sur l'évolution planétaire, telle que l'activité sismique, solaire et l'évolution croissante du nombre de personnes qui se sentent connectées à quelque chose de grandiose. Pourquoi d'après-vous ?

Certes nous sommes des "illuminés", mais que veut vraiment dire ce terme si ce n'est une personne éclairée ?
C'est à chacun de nous de transmettre le flambeau qui nous a été donné de recevoir lors de notre réveil de conscience.

A nous tous, de donner cette magie blanche qui guérit l'âme et le cœur.

A nous de bercer la Terre avec notre amour vibratoire... Pas besoin d'incantations, juste votre imagination qui devient réelle, envoyons l'amour que nous recevons en tant que canal.

AMOUR COSMIQUE... FILS DES ETOILES REVEILLEZ-VOUS !

8 mai 2013 3 08 /05 /mai /2013 17:15
Crop circle 2013 ???

Nous sommes en mai 2013 et aucun crop circle n'est encore apparu.
Que se passe-t-il ?

Pour m'être intéressée de très prêt à ces formes géométriques, il me paraît essentiel de reconnaître l'intérêt majeur qu'elles peuvent nous apporter.
Il est possible de reconnaître une connaissance subtile de la matière et de l'Univers. De s'ouvrir aux dimensions multiples. Et de communiquer avec d'autres civilisations.
Alors, nous sommes dans l'attente de ces formes sacrées...

Certes, tous les crops circles ne sont pas authentiques, mais l'œil physique et l'œil intérieur nous avertissent lorsque nous sommes en présence d'un crop circle réel; Pourquoi n'avons-nous pas encore eu, en cette année 2013, de crop circle?

Nous avons peut-être passé un cap dans la communication établie. Le message entier nous est peut-être déjà parvenu...
La révélation mondiale doit-elle se faire pour passer à un autre mode de communication?

Vous pouvez vous faire votre propre opinion à partir de cette vidéo.

7 mai 2013 2 07 /05 /mai /2013 19:50

L'âge d'or...

Vous qui lisez cet article, devez chercher l'émeraude d'Hermès Trismégiste... Si effectivement l'âge d'or à un fondement historique, alors nous pouvons espérer qu'il se produise à nouveau.

Actuellement nous sommes dans une période importante, aussi bien d'un point de vue astronomique, avec l'activité accrue du Soleil, que d'un point de vue technologique. Nous constatons que la Terre change, l'activité tectonique est relativement élevée, et nous devons recevoir en quantité de l'électromagnétisme provenant du Soleil.

Nos progrès technologiques ne cessent d'augmenter, nous laissant dépassés pour la plupart. Nous ressentons davantage le besoin de nous rapprocher de la nature, de sa simplicité pour retrouver l'authenticité. De nombreux courants de pensées ou de pratiques en rapport avec la spiritualité voient le jour.

Durant le mois de mai nous devrions ressentir et voir davantage les énergies terrestres. A nous de saisir au bond l'occasion pour vibrer en harmonie avec la planète. Vivre enfin dans la paix de l'âme... Comblé de la beauté enfin retrouvée.... C'est à dire retrouver l'âge d'or.

9 septembre 2013

Partage de vibrations bienfaisantes

Difficile de mettre des mots sur des émotions, c'est pourtant ce que je vais tenter de faire en partageant avec vous plusieurs vidéos, pour le plaisir de vous offrir du bonheur.

Parce que la beauté de cette planète dépasse toutes les œuvres des grands maîtres, et qu'elle est capable de nous libérer de nos peurs, de nos maux...

Si vous êtes déjà sensibles à la beauté de la nature vous n'en serez que plus troublés, si vous vibrez à des niveaux élevés vous ressentirez l'appel de votre être intérieur, laissez-le vous guider...Pure merveille...

31 août 2013
Révélations sur la vie du Christ

Nous le savons parfaitement, l'histoire fut souvent travaillée et retravaillée par des hommes peu scrupuleux qui cherchaient à asseoir leur autorité... Malheureusement, ce fut le cas également avec un enseignement de grande qualité qui ne nous est parvenu que par morceaux, jalousement sélectionnés. Alors, si en 2013 on reconnaît l'existence d'autres textes "sacrés", ceux-là révélant la vie du Christ et ses aspirations, nous pourrions très bien être à l'approche d'une nouvelle ère pour la chrétienté... Enfin, si le Pape accepte de faire bouger l'empire façonné depuis des siècles par des hommes de pouvoir.

Il serait plus que judicieux de le faire, et quelle belle preuve de "courage et d'honnêteté" de la part de la personne qui osera présenter au monde, les textes apocryphes capables de nous éclairer sur le message du Christ. Car, le problème est bien celui-ci, et non sur la question suivante: "les prêtres doivent-ils garder encore le célibat?"

Pour un chrétien, le choix de vie du prêtre lui est personnel, en aucun cas il ne se doit de porter un jugement de valeur. Si l'église veut maintenir le célibat, c'est son choix. Mais négliger des textes d'enseignements, c'est un délit aux yeux de tout "chrétiens" désireux d'apprendre.

Car, qu'est-ce qu'un chrétien, si ce n'est une personne soucieuse de comprendre le sens de la vie, de l'Univers, de sa présence sur Terre et de comment bien faire les choses pour le bien de la planète?

Le personnage du Christ est celui qui s'est opposé au régime patriarcal dans une période d'occupation romaine. Il est celui qui s'est confronté à une chape de béton et a réussi à la fissurer. Bien évidemment, de nombreux siècles plus tard on constate que de nombreuses personnes ont tenté de colmaté cette brèche. Mais le diamant utilisé à définitivement sectionné le mur qui nous sépare d'une autre réalité.

Les évangiles découverts depuis 1896 et 1945 remontent enfin à la surface, notre époque saura-t-elle les faire jaillir au grand jour, pour qu'enfin ils répandent leur savoir?

A voir http://www.france5.fr/emission/revelations-sur-la-femme-de-jésus
Si vous êtes intéressé par ce sujet, je me permets de vous proposer la lecture de mes deux essais: Voyage initiatique au cœur de nos origines aux éditions EDILIVRE http://www.amazon.fr/Voyage-initiatique-coeur-nos-origines/dp/2812159049, j'y démontre par les textes de Nag Hammadi (évangiles apocryphes) que le message du Christ est beaucoup plus profond que ce que nous en avons retenu. Et Le trésor des immortels aux éditions Sokrys http://www.sokrys.com/product.php?id_product=83, j'explique comment appliquer les quelques principes que j'ai su tirer des textes sacrés de Nag Hammadi. L'apprentissage est long, je persévère, sans doute toute une vie ne pourra suffire, mais je sais instinctivement qu'il faut partager le savoir ainsi redécouvert. C'est mon objectif et celui de mes deux prochains livres...

17 juillet 2013

<u>Energy will be powerful these two months summer !</u> **We shall be changed in our body if we make the wish !!!Why ? Because of the alignment of planets, the moon, all these celestial bodies can serve us...Some crop cricle explains us the change. We must be ready, no stress, but all our love has to coil up in the hollow of our hand to throw the flower of the life...**

L'énergie sera importante cet été à n'en pas douter, l'alignement planétaire, la lune, tous ces astres peuvent nous servir dans notre changement.Il ne doit pas y avoir de stress, mais un lâcher prise nécessaire, afin de diriger notre amour au creux de nos mains pour projeter la fleur de vie....Amitiés

12 juillet 2013

<u>*Vibrations énergétiques 2013*</u>

Très hautes vibrations en ce mois de juillet 2013.
Il est possible de les percevoir par l'ouïe, phénomène qui devait être "normal" il y a plusieurs millénaires de cela où les Hommes ne faisaient qu'un avec la Terre. Notre "mère" la Terre, vibre, rien d'étonnant en soit, elle fonctionne à l'électromagnétisme. L'activité solaire induit automatiquement des perturbations au niveau terrestre, nous ne sommes qu'à une unité astronomique du Soleil ! Toute vibration induit une agitation moléculaire qui peut potentiellement produire une onde qu'elle soit audible ou, visible ou non...

Pour les personnes qui ont franchi un cap dans leur vie sur Terre, il est possible qu'elle aient "réveillé" des sortes d'antennes leur permettant de ressentir physiquement le phénomène, que soit au niveau tactile, auditif ou visuel, voir même olfactif. Il y a tout un monde dans ce monde, les grands sages des millénaires passés l'ont affirmé bien avant moi.

Ces vibrations sont présentes, à nous de les recevoir et de "surfer" dessus et non d'être submergé par elle.

Là est la difficulté, car elles induisent automatiquement un réarrangement moléculaire qui est plus ou moins supportable. Des symptômes inexplicables peuvent faire leur apparition, certains les nomment les "symptômes de l'ascension". Ne vous attendez pas à vous "envoler" dans les cieux. Mais restez vigilant pour admirer ce qui va s'offrir à vous ... Le spectacle est pour vous maintenant !

Les ondes que vous pouvez percevoir comme un bourdonnement, les lumières (flash ou couleurs), les sensations de chaleur électrique dans les mains, la tête et les pieds... tout cela correspond à votre ré-harmonisation. Évidemment, vous ne devez pas développer de fièvre, d'éruptions cutanées, faire des convulsions, j'en passe des pires et des meilleurs... Cela doit rester léger et non douloureux, n'hésitez pas à consulter un médecin dans tous les cas!
Bonnes vibrations à vous !!!

2 juillet 2013
Crop circle...indicateur de temps

Le crop circle du 01 juillet 2013 présente un intérêt évident...

Je commençais à désespérer et voici un glyphe intéressant. Il m'inspire un cadran, précisant le mois et la date d'un événement... Enfin, cette hypothèse est envisageable, comme à mon habitude je laisse parler mon inspiration. Le mois est potentiellement juillet ou août. L'année est divisée en 4. Difficile d'affirmer le mois dans ces conditions.

Probablement la flèche pointe plus sur le mois d'août. Quant à la date, difficile de la déterminer avec précision, mais j'envisage des dates entre le 5 et le 10 août.
Oui, mais quel événement peut-il être ainsi mis en lumière ?

Pour cette question je n'ai pas de réponse fiable... des idées que je garde pour le moment au chaud. Si elles germent correctement, je vous en ferai part...
Mais vous pouvez également avoir votre propre inspiration.

29 juin 2013
Crop circle 2013: La disparition ...

Pour être émerveillée devant la beauté visuelle et subjective de certains crop circle, je suis au désespoir de constater qu'ils ne sont pas au rendez-vous cette année...
Ceux qui sont actuellement observés n'ont pas la finesse, l'élégance et les détails des précédents. Il n'y a qu'un pas à franchir pour affirmer que ceux de cette année sont faux !

Comment expliquer sinon, leur grande simplicité maladroite ?
Si comme je le crois, ils sont bien le travail d'humains à la recherche de sensations, je suis en droit de me poser la question suivante : où sont les véritables crop circle ?
Pourquoi n'y en a-t-il plus cette année ?

Comme à mon habitude, je vous proposerai plusieurs hypothèses:
- Les tempêtes géomagnétiques importantes en quantité et en puissance, nuisent à leur formation.

Dernières en date, ce samedi 29 juin 2013 à 3h21 et 12h21
- Les informations divulguées (par qui ou par quoi), sont complètes.
- Les informations que nous avons reçues n'ont pu être comprises, les auteurs (quel qu'ils soient) ont décidé d'arrêter ou d'attendre que nous soyons prêts.
- Les auteurs sont passés à autre chose (s'ils sont humains) ou sont repartis (s'ils viennent de loin...).
- Les auteurs (humains) ont terminé de s'exprimer artistiquement et sont passés à un autre défis.

Parmi ces hypothèses, la première me semble la plus plausible au vu de ce que nous subissons au niveau énergétique. Que vous soyez sensibles ou pas à cette situation, vous pouvez tous constater que votre entourage, vos voisins, amis, collègues, changent... non?

L'activité solaire est importante, avec elle l'activité interne du globe, comment croyez-vous que la vie sur la planète réagisse ?

Alors, imaginez un instant que les responsables des glyphes ne puissent plus communiquer avec nous, du fait de ces modifications énergétiques, ce n'est pas si "fou" que cela...

Maintenant, qu'avons-nous à y perdre ou à y gagner ?

27 juin 2013

Statue égyptienne qui bouge...le magnétisme terrestre responsable?

Le 26 juin, les journaux se sont emparés d'un cas "surnaturels" : une statue qui bouge toute seule, dans un musée !

Lorsque l'on est scientifique, la première question qui vient à l'esprit est de quelle matière est faite cette statue ?

Les molécules pouvant réagir face à un environnement particulier engendrant des phénomènes qui nous semblent paranormaux...
D'après mes sources (divers journaux dont Paris Match), cette statue est faite de stéatite

, si cette information est exacte nous pouvons envisager, comme le soumet à juste titre Brian Campbell (responsable d'égyptologie), qu'une réaction de type magnétique se produit.
Oui, mais observons- nous un phénomène de nature comparable avec les autres objets de même nature?
Affaire à suivre!!!

26 novembre 2013
Activité magnétique et cosmique fin 2013

Vibrez-vous plus fort ces derniers jours? Avez-vous de vertiges? Ressentez-vous une grande fatigue malgré du repos?

Après mûres réflexions et comparaison avec des expériences vécues, je vais me permettre de vous soumettre une hypothèse (qui pour moi est une réalité):

-L'activité solaire s'est transformée, après une phase très active ce mois dernier, notre astre doit connaître une période particulière où ses pôles magnétiques s'inversent !
http://sciencesetavenir.nouvelobs.com/espace/20130808.OBS2581/le-champ-magnetique-du-soleil-est-sur-le-point-de-s-inverser.html

Le champ magnétique du soleil est sur le point de s'inverser !

Publié le 08-08-2013 à 10h47 - Mis à jour à 11h19

L'activité solaire va bientôt atteindre son maximum, ce qui risque de causer pas mal de perturbations électromagnétiques sur Terre...

Conséquences ?

- Le flux électromagnétique solaire va provoquer une forte perturbation de l'électromagnétisme terrestre: notre pôle connaît également une phase d'inversion (plus lente que le soleil... semble-t-il)

D'après le CNRS: " satellites et réseaux électriques connaîtraient aujourd'hui de nombreuses perturbations en cas d'inversion, puisque la Terre ne serait plus alors protégée des tempêtes magnétiques – des afflux brutaux de particules chargées issues d'éruptions à la surface du Soleil." http://www2.cnrs.fr/journal/3747.htm

La vidéo avec Hubert Reeves, donne l'avantage de pouvoir poser une question essentielle:

Comment nos scientifiques sont-ils certains que le corps humain ne sera pas perturbé lors d'un changement de pôles magnétiques?

- Ne serais-ce pas une fois de plus l'occasion de nous positionner en dehors du règne animal?

Nous ne sommes pas au-dessus de tout, notre corps est un récepteur à l'environnement, au niveau moléculaire (molécules olfactives...) et électrique (message nerveux conduit par des ions...) : Donc nous devrions réagir, lors d'une inversion polaire, qu'elle soit terrestre ou solaire! **Et bien j'avance l'hypothèse, que le moment est venu pour beaucoup d'humain de ressentir cette inversion, ces** changements cosmiques. De les ressentir dans leur corps physique. Les symptômes sont diverses, mais globalement voici ce qui peut apparaître:

- Perturbation de l'équilibre interne: vertiges
- Palpitations cardiaques
- Grande fatigue physique : le fonctionnement du système nerveux est différent, ultra-réceptif.
  - Vison accrue au niveau des bâtonnets: perception des énergies jusqu'alors invisibles, ou plutôt non identifiées par notre cerveau, car non répertoriées. Nous gardons en mémoire ce que notre société accepte, reconnaît comme juste. Or, ce que vous percevez depuis votre naissance fut mis au rebut car non reconnu comme valide. C'est le moment de briser les chaînes et les tabous en ce qui concerne vos perceptions.

  - Grande énergie vous traversant le corps, donnant la sensation d'être une cocote minute, vous permettant des exploits physiques... Pour les réaliser il faudra débloquer le subconscient formaté par notre mode de vie cartésien.

Amis, il est possible que vous ressentiez ces symptômes, si vous êtes en bonne santé, rien d'alarmant ! Vous surfez sur les vagues d'énergies qui nous submergent. Pas de panique, mais évidemment si les symptômes persistent et augmentent consultez votre médecin. Vous êtes votre seul juge ! Ne rentrez pas dans des groupuscules qui souhaitent vous offrir une évolution facilitée: ceci est impossible! Ce travail vous appartient! Ne perdez pas votre liberté de jugement...

18 novembre 2013

La Terre merveille des merveilles

Parce qu'elle mérite toute notre attention et parce que nous sommes ingrats, tels des enfants face à leurs parents prêts à tout pour leur progéniture... Il est temps de lui rendre sa place, celle d'une mère !

Comment la nommer autrement? C'est elle qui nous nourrit, c'est elle qui nous protège, c'est elle qui nous laisse expérimenter la vie en subissant sans rien dire les conséquences de nos gestes insensés...

Alors, oui nous pouvons l'appeler notre mère la Terre.
Nous devons grandir comme un enfant qui apprend le monde, découvre qu'il n'est pas le centre du monde de ses parents. Nous devons apprendre à respecter cette mère, avoir de la reconnaissance pour elle, qui nous a tant donné. Et comme une mère sur ses vieux jours, nous devons prendre soin d'elle.

C'est à nous maintenant d'être à l'écoute de ses besoins, de ses souffrances et lui permettre de survivre!
Car malheureusement nous lui en avons tellement fait voir que nous l'avons mise en danger !

A nous de lui offrir ce que nous avons de plus précieux... une force que nous sous estimons... l'amour.
Un amour pur, éternel, inconditionnel, non charnel !

Lançons-lui ces énergies de douceurs sous la forme de pensées pures, tous les jours, à la manière d'un grand enfant qui renoue avec sa vieille mère fatiguée.

19 octobre 2013
Haute vibration énergétique: témoignage

Partager sur ce phénomène est toujours très délicat. Comment ne pas être pris pour une personne "disjonctée", dans une société où l'on se refuse de regarder le monde avec un regard non "formaté" ?
Certes, il y a de quoi se poser des questions lorsque l'on ne ressent rien, que le monde nous apparaît réglé comme une horloge: "boulot-métro-dodo"...

Mais pour ceux qui vivent de l'intérieur le changement planétaire et cosmique, cela n'est pas du ressort de la science-fiction.
Voici le témoignage d'une personne ressentant la transformation qui est à l'œuvre depuis quelques années, mais qui s'accélère vivement depuis quelques mois (septembre 2013):

- Le corps est comme agité de l'intérieur, une forte tension nerveuse s'empare de ce dernier. Les nerfs sont comme à vif, tout est amplifié au niveau des perceptions: les bruits, les odeurs, les couleurs.

Les sensations désagréables sont perçues intensément, ce qui perturbe davantage la personnalité.

Il faut apprendre à garder son sang-froid, malgré toutes ces perturbations.
Le point positif peut se trouver dans la perception des couleurs, la beauté du monde apparaît plus nettement.

- La sensation d'énergie dans le corps, plus précisément situé au niveau des mains et du visage s'intensifie.

Heureusement il y a des périodes courtes d'accalmie, où la personne a l'impression que l'on a percé un abcès, ou arraché une dent qui n'avait pas de place pour pousser... Une sorte de libération qui est perçue comme un bonheur immense, une joie intense. L'individu exprime beaucoup d'amour et de reconnaissance, sans que cela ne provienne d'un système de pensée cartésienne.

Comment surfer sur cette vague "intense" d'énergie?

- Garder son calme en s'isolant lorsque la tension est maximale.
- Cultiver les pensées positives envers les siens, les peuples du monde, les êtres vivants et la planète: Utiliser cette énergie d'une façon positive.

Courage, vous n'êtes pas seules, tout être humain subit l'évolution de la planète. Chacun à sa manière, et vous êtes nombreux à le vivre dans l'énergie vibratoire, en pleine conscience de ce que vous êtes en "réalité".

Amitiés

Initiée - Réveil d'un artisan de lumière aux éditions Sokrys - 12.50 disponible sur le site de la Fnac, Amazon...

1 octobre 2013

<u>Une civilisation avancée à l'âge de Cro-Magnon</u>

Nous découvrons de plus en plus de vestiges d'anciennes civilisations évoluées au point de vue technologique...

Cela va à l'encontre de notre histoire, celle que nous imaginons comme réelle...
Tout est à remettre en cause, les mythes trouvent leur origine, dans des faits concrets, à nous de revisiter cette histoire qui est la nôtre.

Mais est-ce vraiment la nôtre?
Pourquoi n'avons-nous plus aucun souvenir de cette période faste?
Pourrait-il s'agir de l'histoire d'une autre humanité?
Une humanité différente...
A vous de juger, si vous êtes intéressé par le sujet, je vous invite à lire LE TRESOR DES IMMORTELS aux éditions Sokrys (de nombreuses preuves et une ouverture d'esprit sur ce que cela induit), et INITIEE- Réveil d'un artisan de lumière aux éditions Edilivre (fiction où une réalité difficile à admettre est révélée).

29 septembre 2013

<u>Aux portes du nuage interstellaire</u>

La NASA reconnaît que notre système solaire se trouve dans un nuage interstellaire qui actuellement change de direction. Aucune explication n'est donnée. Et le problème est qu'en le quittant nous allons être soumis à des turbulences.

De plus les vents solaires peuvent atteindre la planète comme on ne l'avait pas envisagé, à savoir l'héliosphère est contournée et les particules atteignent la Terre.
Donc pour résumer notre Soleil qui connaît des phases d'activités intenses peut potentiellement nous envoyer secondairement des particules de l'autre côté de l'héliosphère (bouclier qui nous protège du rayonnement électromagnétique) et nous traversons un nuage interstellaire qui pourrait nous perturber puisqu'il semblerait que nous soyons en phase de le quitter.

Conséquences sur la planète ?
Hypothèses:

1- Le rayonnement plus intense en particules aidera à la mutation de la vie sur la planète: saut évolutif avec naissance de nouvelles espèces, disparition ou évolution pour les autres.
2- L'activité tectonique de la planète sera intensifiée, puisqu'une interaction existe entre l'électromagnétisme de la planète et celui de l'Univers. Conséquences: des modifications de paysages avec perturbations + ou - importante pour l'humanité.

3- Les particules ont une action prédominante sur le fonctionnement de la glande pinéale sensible à l'électromagnétisme. Perturbant les sensations et la vison de l'humanité, ce qui peut correspondre à l'ouverture du troisième œil, soit une connexion importante avec les énergies de l'Univers. L'homme retrouve la capacité de se connecter avec la planète (audition, visions, savoir)! Ce que certains nomment l'âge d'or...

Si vous souhaiter comprendre le lien entre la glande pinéale et les modifications électromagnétique de notre environnement, je vous invite à lire LE TRESOR DES IMMORTELS aux éditions SOKRYS.

18 septembre 2013
INITIEE Réveil d'un artisan de lumière

Voici le "petit" dernier, un roman initiatique qui je l'espère vous transportera aux portes d'autres dimensions d'un niveau vibratoire supérieur au nôtre.

Certes, ce livre s'adresse plus particulièrement aux chercheurs de lumière, à ceux qui sont en quête de connaissances sur l'origine et la nature de notre humanité. Ceux parmi vous qui ont une grande affinité pour les notions d'énergies et qui sont ouverts à la conception de l'existence de mondes différents de celui détecté par nos organes de sens, ce livre est pour vous.

J'ai glissé dans cette fiction des explications sur des phénomènes surprenants dont vous pouvez être le témoin, elles sont là pour vous rassurer. Et pour ceux d'entre vous qui possédez les dons de clair audience ou de clair sensibilité, voir même de clair voyance, j'ai présenté le pourquoi de ces capacités et ce que nous devons en faire.

Cependant, si cela n'est pas votre cas ou que l'ésotérisme reste pour vous obscure, ce livre est également à votre intention, afin de vous offrir un moment de rêve qui je l'espère vous donnera envie de pousser plus loin encore les investigations sur notre véritable nature hautement spirituelle.

Il est actuellement en vente sur le site éditeur, voir ci-dessous.

http://www.edilivre.com/librairie/initiee-reveil-d-un-artisan-de-lumiere-1e637cf98c.html

 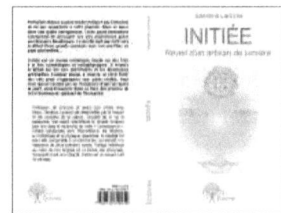

http://www.youtube.com/watch?v=fb8-vXmbvnw

http://www.youtube.com/watch?v=IOraY-KUGdM

Extrait du roman :

INITIÉE

Réveil d'un artisan de lumière

Sandrine Laroche

Avant-propos

Ce livre a pour vocation première de délivrer un message. Après avoir réalisé deux essais, *Voyage initiatique au cœur de nos origines*, aux éditions EDILIVRE et *Le Trésor des immortels* aux éditions SOKRYS, il m'a semblé nécessaire de trouver un autre genre littéraire pour transmettre le secret. Mes précédents livres bousculaient les méninges, c'était le but. Maintenant je souhaite essayer une transmissionde connaissances en douceur, grâce à cette fiction.

Mais ne vous y trompez pas, il s'agit bien là d'un secret révélé, protégé depuis des centaines, voire des milliers d'années. Pourquoi et par qui me direz-vous ?

Secret mis au tombeau pour sa sécurité tout d'abord.

Vous en découvrirez des parties dans les anciens textes gnostiques de Nag Hammadi, dans le *Veda* indien, ou encore le *Livre des morts* en Égypte, la kabbale et les

prophéties indiennes. Il fallait le protéger de la destruction, il est temps aujourd'hui qu'il soit partagé.

Je ne possède pas de don littéraire, mais une grande sensibilité à la nature subtile de l'univers. Cette faculté me conduit à vous aujourd'hui, afin de vous transmettre ce qu'il m'a été donné de recevoir.

Le constat

Qui suis-je ?

Anne Justin, jeune femme européenne de 34 ans, journaliste, célibataire. Une vie de femme bien remplie, heureuse. Et pourtant, il y a ce grand vide…

Citadine par excellence, je n'ai de cesse d'être sollicitée par des activités, des loisirs, les amis. J'aime lire, alors je dévore tous les livres qui me passionnent.

Mon entourage trouve cela déconcertant, passer autant de temps à lire, c'est une belle perte de temps. Pour eux, la vie ce n'est pas cela.

Il est vrai que je ne réponds pas toujours présente à leurs invitations. Mais en tant que jeune mère célibataire, j'ai de quoi être débordée et épuisée. Mon seul havre de paix, ce sont mes moments de lecture. Je me retrouve seule, en paix avec mes livres.

Bien sûr, mes amies cherchent pour moi un nouveau prince charmant. J'essaie de leur faire comprendre qu'une relation chaotique comme je l'ai connue ne m'intéresse pas, et je ne vois vraiment pas ce que je pourrai y trouver d'agréable. Cet échec cuisant, cette trahison, je la ressens dans mes entrailles, comme si cela m'était déjà arrivé dans une autre vie.

La coupe est pleine, et je ne souhaite pas retomber dans le piège.

Il y a bien Marc, cet ami que je considère plus comme un grand frère, avec lui au moins j'ai confiance. Mais cela n'ira pas plus loin, enfin je le pense. La solitude est quelque chose de nécessaire parfois. Ce qui me pèse le plus reste un vague souvenirflou de ce qui pourrait avoir été une autre vie.

Jusqu'à présent, je me posais peu de questions sur ma vie sur et la vie en général. Mais les nombreuses épreuves auxquelles j'ai dû faire face m'y ont poussée inexorablement.

Tout a commencé avec ce constat alarmant : « Je ne sais pas qui je suis ! »

Mais où trouver la réponse tant attendue ? Qui pourrait m'aider à y voir plus clair dans ce monde qui m'est devenu étranger ? J'ai le sentiment ou plutôt le grand désespoir de savoir instinctivement que j'appartiens à un autre monde. Mon cœur et mon âme souffrent de s'être égarés sur cette Terre.

Où est mon origine ? Où est ma famille ? Très loin de moi… Je le ressens.

Là est mon problème, je pressens fortement les choses… Difficile de ne pas se laisser submerger par une grande tristesse, ce monde renvoie en permanence des ondes négatives. Celles que j'apprécie se trouvent dans la nature, là je me sens entourée, mais pas encore chez moi.

Où est ce chez-moi ? Celui que j'imagine sur une planète, un autre monde…

Alors en tant que journaliste, et parce que je n'ai pas le droit de flancher en sombrant dans la dépression, j'ai plongé dans la folle recherche de ce « chez-moi », telle une aventurière abandonnée dans un monde qui lui est hostile.

En faisant le constat de ma vie, j'ai découvert beaucoup de coïncidences que je considérais à l'époque comme de bienfaiteurs hasards.

Mais après ces dix dernières années d'investigations, j'ai compris qu'il se cache quelque chose d'inimaginable derrière toute circonstance.

Il n'y a pas de planification possible, mais des signes qui sont là autant pour me guider que pour me rassurer.

Je ne suis pas seule, mon intuition me le dit.

Mais alors, où cela me conduira-t-il ?

Sur le sentier de l'inconnu, de l'invisible, du nom que l'on ne peut prononcer...

Mes rencontres fortuites me permirent de découvrir les *Dossiers akashiques*.

Alors, j'ai fait appel aux connaissances de ces Dossiers.

Je vais vous raconter l'histoire de ce qui pourrait correspondre à mes vies antérieures ou mes vies parallèles. Ma folle expédition sur le sentier de l'inconnu m'a ouvert les yeux sur ce que je suis, sur ce que nous sommes et comment retrouver le paradis.

À travers elles, j'ai compris mes souffrances, mes doutes et pourquoi je ressentais un grand vide. Cela m'a permis également de comprendre la vie comme jamais je n'aurais osé l'imaginer, ses mystères se sont peu à peu dévoilés. Le bonheur en est ressorti et avec lui une folle envie de vivre sur cette planète.

Premiers pas vers l'inconnu...

Un soir de lecture, alors que je terminais mon roman, je fus touchée par l'utilisation fugace du mot « champ morphogénique ». Je pris l'initiative de faire des recherches, ce qui me conduisit tout droit vers les *Dossiers akashiques*.

Comme à mon accoutumée, lorsque je déniche un sujet qui me titille de l'intérieur, je me fie à mon intuition et pousse davantage mes investigations. Je réussis à trouver sur Internet un livre qui pouvait sans doute combler mes lacunes.

Après quelques jours d'attente, ce livre tant attendu arriva par la poste. En une soirée je l'ai dévoré. Le lendemain, je tentai non sans crainte de me lancer dans ce qui pourrait ressembler, à première vue, à une séance de spiritisme. Cependant mes précédentes lectures, notamment sur la flamme violette, m'avaient permis de m'ouvrir à ces autres dimensions spirituelles, non liées aux esprits des défunts comme le fait le spiritisme.

Il me semble nécessaire de vous dévoiler mon premier contact avec les seigneurs des dossiers. Le mot seigneur désigne la puissance de cette connexion. J'ai fait les frais de cette réalité la première fois.

Après avoir réalisé une méditation profonde et récité avec le cœur une prière d'ouverture, j'ai ressenti très nettement mon corps vibrer. Le phénomène était interne, les battements cardiaques se sont accélérés.

Puis il y eut cette vision vive et rapide. Deux yeux étranges de par leur apparence et leur froideur me regardaient, semblant transpercer mon âme.

Sur le coup j'avoue avoir voulu détourner les yeux par crainte, puis la vision sembla s'accommoder de mon état. Ces yeux si blancs et lumineux s'écartèrent, dévoilant un visage presque humain et amical. Je me suis retrouvée aspirée par cet être et nous fusionnâmes pour ne faire plus qu'un…

Réitérer l'expérience me prit plusieurs mois. J'avaisparfaitement compris que la connexion avec les dossiers faisait de mon corps une antenne. Il fallait qu'il soit capable de vibrer à un niveau énergétique supérieur à notre dimension terrestre.

Alors je pris le temps de le former à l'aide d'exercices physiques de mise au diapason avec les vibrations de la Terre. Ces exercices sont simples et souvent décrits dans les livres de magnétisme. Faire un avec la planète permet de laisser circuler l'énergie dans le corps et de l'habituer progressivement.

Quand je repris l'initiative du contact, ce fut pour approfondir mes connaissances et découvrir le pourquoi de mon mal-être. J'ai décidé de les mettre au propre et de les présenter à mon ami Marc. Croyant qu'il ne se fermerait pas comme une huître en lisant le résumé de mes multiples rencontres avec les seigneurs des dossiers.

En cette fin d'après-midi d'été, j'ai pris mon courage à deux mains et je lui ai donné mon manuscrit. Il attendait avec impatience de découvrir le résultat. C'est un peu excité que je suis rentrée chez moi, me demandant comment il allait réagir.

Samedi 16 juillet 2013

Paris, appartement de Marc Lagrange, journaliste au magazine *Le Nouvel Observateur*. Ce matin, j'ai décidé de commencer à lire le manuscrit. Mais, dès les premières pages, le doute s'installe en moi, mon amie aurait-elle un problème psychologique ? Comment cette jeune femme qui semble parfaitement équilibrée, peut-elle avoir de telles idées ? Quelle imagination… ! Que vais-je pouvoir lui dire ?

La sonnerie du téléphone me fait sursauter, j'espère qu'il ne s'agit pas d'elle.

– Allô ?

– Marc ? C'est moi, dis-moi, tu as commencé le manuscrit ? Excuse-moi, tu me connais, je suis curieuse…

– Euh ! Non, écoute, pour le moment, c'est un peu compliqué, laisse-moi un peu plus de temps…

– Oh ! Oui. Pas de problème, je te laisse, mon fils m'appelle. On se téléphone plus tard. Bises !

– Bises !…

Quelle embrouille ! Cette femme me plaît, c'est évident. Mais là, je suis dépassé. Le mieux serait de tout lire pour me faire une opinion complète sur son travail et par la même occasion sur son état de santé…

Manuscrit : Essai.
Titre : *La Connexion aux archives célestes.*
Auteur : Anne Justin.

Trois milliards d'années avant Jésus-Christ

L'Univers est majestueux, ses couleurs sont tellement douces et ces sons comparables à des chants célestes. Et il y a cette source lumineuse d'où jaillissent des étincelles. Je vois qu'au début de mon existence j'ai fait partie de l'une d'elles. Mon envol me permet de découvrir une planète lumineuse, d'une grande beauté. Dans les bleus irisés, le paysage renvoie des reflets splendides. Il n'y a pas de comparaison possible avec ce que nous connaissons sur Terre. Ces deux mondes sont magnifiques chacun à leur manière. Le petit être lumineux que je suis, est entouré et choyé par un adulte. Je ne suis pas humaine, mon corps est dépourvu de poils et de cheveux. Ma peau est lisse, brillante, et bleutée avec des zones luminescentes. Dans ce monde de paix et d'amour je connais un sentiment de compassion pour tout ce qui m'entoure.

La communication se fait sans cordes vocales, grâce aux fréquences émises par le cerveau et traduites par celui du receveur. En somme, une communication télépathique instantanée. Dans ce genre d'échanges, il ne peut y avoir de mensonges ou d'hypocrisie. Ces vibrations plus basses ne font pas partie de notre monde. Nous ne faisons plus qu'un et la solitude nous est inconnue.

Malheureusement, ma courte vie prend fin lors d'un voyage au bord d'un lac, où je péris noyée. L'étincelle correspondant au souffle de vie de mon âme s'est retrouvée projetée dans un autre corps…Marc se frotte le crâne, il ne peut s'empêcher de se demander où son amie est allée chercher de telles idées.

Seul dans son appartement, il pense à haute voix.

– D'où lui vient l'idée d'une source jaillissante ?

L'idée est intéressante… Bon, il est vrai que la physique a fait de sérieux progrès en ce qui concerne la structure de l'Univers. Mais, ont-ils découvert une seule source ? Il y a bien le big-bang, ce point phare qui…

Table of Contents

Avant-propos 3
Introduction 4
Chapitre I 5
Les connaissances métaphysiques de l'humanité 5
Chapitre II 16
L'activité solaire et l'évolution planétaire 16
Chapitre III 67
Ce qui est caché au plus grand nombre 67
Chapitre IV 90
Le trésor des immortels, ... 90
Voyage initiatique au cœur de nos origines, ... 90
Initiée 90

Oui, je veux morebooks!

i want morebooks!

Buy your books fast and straightforward online - at one of world's fastest growing online book stores! Environmentally sound due to Print-on-Demand technologies.

Buy your books online at
www.get-morebooks.com

Achetez vos livres en ligne, vite et bien, sur l'une des librairies en ligne les plus performantes au monde!
En protégeant nos ressources et notre environnement grâce à l'impression à la demande.

La librairie en ligne pour acheter plus vite
www.morebooks.fr

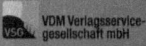 VDM Verlagsservicegesellschaft mbH
Heinrich-Böcking-Str. 6-8   Telefon: +49 681 3720 174   info@vdm-vsg.de
D - 66121 Saarbrücken   Telefax: +49 681 3720 1749 www.vdm-vsg.de